Ursula Klinger-Omenka

Helfersteine

Balsam für Körper, Geist und Seele

Heilsame Wirkungen edler Steine
offenbaren sich in sprichwörtlicher Weisheit

WINDPFERD

2. Auflage 2006

Umschlaggestaltung: Kuhn Grafik, Digitales Design, Zürich
Fotos im Innenteil:

Lektorat: Suse Weber
Gesamtherstellung: Schneelöwe, 87648 Aitrang
www.windpferd.de
ISBN 3-89385-462-2

Printed in Germany

Inhalt

Menschen und Edelsteine

Edle Steine mit ihren vielfältigen Farben, Formen, Strukturen und Zeichnungen bergen eine Fülle von hilfreichen Kräften in sich, die in der Natur entstanden sind. Oftmals braucht es den Schliff durch Menschenhand, um ihre volle Schönheit sichtbar werden zu lassen – so wie auch wir **vom Leben geschliffen werden** und **ein Juwel sein können.** Gerade in den letzten Jahren erstrahlen viele Steine in neuem Glanz, die bis dahin nur von wenigen Sammlern beachtet und bewundert wurden. Ihre heilsamen Wirkungen wurden neu entdeckt. Mit dem Vorgang des Schleifens und Polierens wird die oft raue und unscheinbare Oberfläche vieler Steinarten **geglättet** und **abgerundet,** so dass ihre wahre Schönheit zum Vorschein kommt und uns **anspricht.**

Oft werden die Edelsteine zu sogenannten Trommelsteinen geschliffen. In einer ‚Schleiftrommel', die ähnlich wie eine Waschmaschinentrommel aussieht, werden die rohen Edelsteinbrocken zusammen mit Schleifmittel und Wasser in Bewegung gesetzt und über mehrere Wochen geschliffen. Dabei werden aus den eckigen, scharfkantigen glanzlosen Rohsteinen durch aneinander reiben und gegenseitiges Schleifen abgerundete, polierte, farbintensiv-leuchtende Edelsteine. Dieser Schleifungsvorgang entspricht vielen Situationen unseres Alltags, in denen wir uns immer wieder **aneinander reiben, täglichen Reibereien** ausgesetzt sind.

Wir finden inzwischen eine Vielzahl von Steinarten vor, veredelt durch den Schliff, die uns mit ihrer Energie gerade auch im Alltagsgeschehen und auf unserem Weg der Bewusstwerdung unterstützen. Die kraftvollen Helfer aus der Natur begleiten uns aber auch in der Wandlung von Kränkung zu Erkenntnis, von Krankheit zu Einsicht sowie bei Verzeihung und Harmonie, Läuterung, Lebenswende und Gesundung. Das sehr differenzierte und umfangreiche Angebot an Edelsteinen gibt uns die Möglichkeit einer sehr individuellen Hilfe für den einzelnen Menschen.

Es gibt sehr viele unterschiedliche Arten, einen Zugang zu den Wirkungsweisen der Edelsteine zu finden und diese zu nutzen. In diesem Buch verwende ich das mir seit Jahrzehnten vertraute System der Wirkung von Farben in Verbindung mit den Energiezentren (Chakren), die unaufhörlich und von unserem Tagesbewusstsein meist unbemerkt, Energie aufnehmen und abgeben, in bestimmten Farben *schwingen* und dafür in unserem Alltag auch Farbe brauchen. Edelsteine wirken ganz besonders durch ihre Farbe, die auf natürliche Weise in einer einzigartig konzentrierten und beständigen Form entstanden ist. Sie können so auch in uns konzentrierte Kräfte aktivieren und sind als Helfersteine wunderbare Begleiter in den verschiedensten Lebenssituationen und Umständen.

Die langjährige Erfahrung in der Licht- und Energiearbeit haben mich sensibilisiert, genauer auf die Umgangssprache zu achten und den darin verborgenen Hinweisen zu folgen. Dabei lässt sich sehr direkt erkennen, dass uns Redewendungen und sprichwörtliche Weisheiten darauf aufmerksam machen, dass Denkvorgänge und Gefühle, Handlungs- und Verhaltensweisen energiegeladen sind und eine starke Wirkung auf unseren Körper haben. Beispielsweise sprechen wir davon, dass wir **den Boden unter den Füßen verloren haben,** dass **uns etwas in die Knie zwingt, den Schwung nimmt, schwer im Magen liegt, auf den Schultern lastet, im Nacken sitzt** oder **durch den Kopf geht.**

Oft kommt es zu vielfachen Kränkungen in unserer Empfindungswelt und seelischem Leiden, bevor wir Schmerz und Krankheit in unserem Körper erleben.

Auch wenn unsere Energiezentren ständig dafür sorgen, dass Energie aufgenommen und abgegeben wird, erfolgt dieser Energieaustausch nicht immer optimal. Empfindungs-, Denk- und Sichtweisen, Gewohnheiten, Einseitigkeiten, Extreme und Umwelteinflüsse können zu Einschränkungen, Disharmonien, Belastungen im Energieaustausch führen. Dabei entstehen zunächst erst einmal *innere* Kränkungen, Kränkungen der Psyche. Bei Nichtbeachtung und dauerhafter, immer wiederkehrender Belastung kann dies zu *äußeren* Erkrankungen führen, zu körperlich spürbaren Schmerzen und Krankheiten.

Über die Schwingungen der Edelsteine sind wir mit kosmischen Lichtkräften verbunden, die dem forschenden Auge verborgen bleiben, die aber in ihrer Wirksamkeit von vielen Menschen immer wieder erfahrbar sind. Es sind himmlische Helfer, lichtvolle Engel, die mit den Edelsteinen verbunden sind. Sie wirkten bereits beim Entstehungsprozess der Edelsteine mit, haben ihre Qualitäten zusammen mit dem Heil-samen (dem Samen der Heilung) hineingegeben und sich mit ihren leuchtenden Farben verkörpert. Mit ihrem Edelstein können wir die Engel mit einem Teil ihres Wesens berühren, sind sie uns ganz nah. Wenn wir Edelsteine in Händen halten, bei uns tragen, auf den Körper legen, hinstellen, können wir ihre Engel wie gute Freunde begrüßen und sie um ihre Unterstützung bitten.

Heilsame Wirkungen der Helfersteine
und
sprichwörtliche Weisheiten

Energiezentrum der Füße

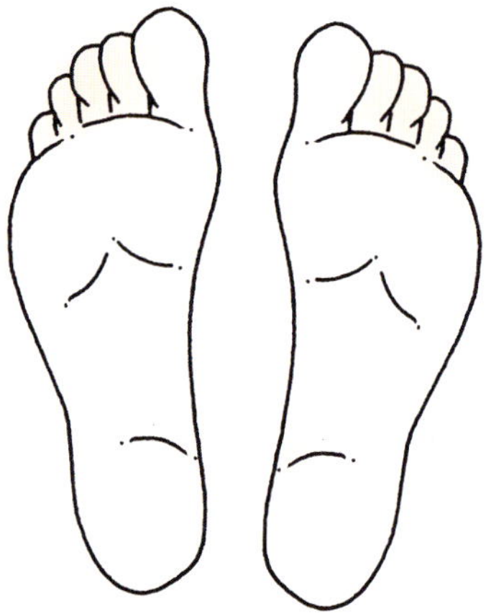

Schwarze und schwarz-weiße Edelsteine

für die Füße und das Leben mit den Gegensätzen

Unsere Füße geben uns Hinweise, wie wir sozusagen durchs Leben gehen, **ob wir auf dem Boden der Tatsachen stehen, mit beiden Füßen auf der Erde stehen, etwas auf die Füße (Beine) stellen, auf eigenen Füßen stehen, kalte Füße bekommen, etwas mit Füßen treten, uns auf die Füße treten lassen, den nächsten/ersten Schritt oder einen neuen Schritt wagen.**

Wie schnell kann es aber auch geschehen, dass der **Boden unter unseren Füßen schwankt,** dass wir den **Boden unter den Füßen verlieren,** dass **etwas zum Davonlaufen** ist.

Mit unseren Füßen halten wir den direkten Kontakt zum Boden, mit der Erde, der Dunkelheit der Erde. Wir sprechen vom Schoß der Erde, von Mutter Erde und verstehen darunter Geborgenheit und den Nährboden für neues Leben. Wenn wir den leiblichen Körper verlassen, kehren wir zur *letzten Ruhe* in die Dunkelheit und Geborgenheit, in den Schoß der Erde zurück. Auch vieles, was wir nicht mehr *brauchen,* zum Beispiel unsere Abfälle, vergraben wir in der Erde – in dem tiefinneren Wissen, dass die Erde es aufnimmt, *verarbeitet* und wandelt, so dass wieder etwas Neues, Nährendes entstehen kann.

Wir sprechen auch vom Schutz der Dunkelheit, die uns davor bewahrt, alles sehen zu müssen. In der Dunkelheit begegnen wir unseren Ängsten: vor dem, was wir nicht kennen, was noch verborgen ist, wovon wir nicht wollen, **dass es ans Licht kommt.**

Wir haben es hier also mit etwas ganz Elementarem zu tun, mit Kommen und Gehen, mit Werden und Vergehen.

In diesem sehr erdbezogenen Geschehen, das unsere Füße erleben, sind wir aber auch mit dem Wirken der Gegensätze hier auf Erden in Verbindung: heiß und kalt, hell und dunkel, Tag und Nacht, männlich und weiblich. Nicht immer können wir mit diesen Gegensätzen unbelastet, unbeeinflusst umgehen. Wir möchten oft nur die eine Seite sehen und fallen von einem Extrem ins andere.

In der Mitte unserer Fußsohlen ist ein Energiezentrum, das besonders auf schwarz reagiert und damit auf die Dunkelheit der Erde – und auch auf das Dunkle in uns.

Schwarze Edelsteine verkörpern das Dunkle und helfen uns, vertrauter damit zu werden und tiefsitzende Ängste vor dem Unbekannten abzubauen. Schwarz-weiße Edelsteine unterstützen uns darin, die Spannungen der Gegensätze im Erdenleben konstruktiv zu nutzen und uns aus Einseitigkeiten zu lösen.

Apachentränen-Obsidian

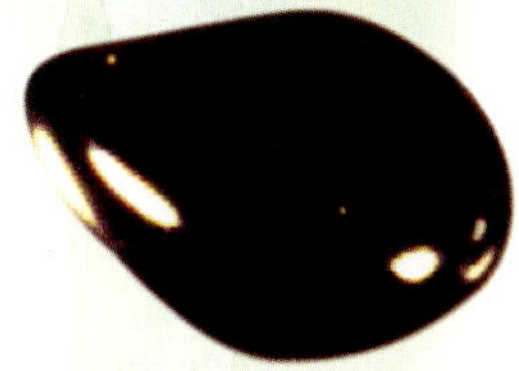

Der Apachentränen-Obsidian löst uns aus dem **Meer von ungeweinten Tränen**, lindert Angstzustände und hilft uns in der Trauerarbeit und Vergangenheitsbewältigung, indem er uns bewusster werden lässt, dass nichts verloren geht und nichts umsonst war. Er erinnert uns daran, dass wir den Schmerz unserer Traurigkeit an Mutter Erde abgeben können, die ihn aufnimmt und – wenn auch nicht heute und nicht morgen – den Nährboden für neues Leben ermöglicht.

Jade schwarz

Schwarze Jade lenkt gefährliche Schritte, die wir gehen oder vorhaben zu gehen, zum Guten hin. Der Stein lässt uns **gut zu Fuß** sein und begleitet uns schützend, wenn wir auf einem schmalen Pfad gehen, uns auf einer **Gratwanderung** oder gar **auf Abwegen** befinden.

Onyx

Der Onyx stärkt den Gleichgewichtssinn, indem er uns hilft, **mit beiden Füßen auf dem Boden der Tatsachen zu stehen** und ist sehr wirksam, **wenn wir kalte Füße bekommen.** Er hilft uns in schweren Zeiten – besonders in herausfordernden Lebenssituationen – eigene Grenzen, Begrenzungen und Einschränkungen anzuerkennen und dementsprechend zu handeln, ohne uns dagegen aufzulehnen.

Rauchquarz

Der Rauchquarz gewährt Einsichten, **wenn der Boden unter den Füßen schwankt.** Er **bringt Licht ins Dunkel,** so dass wir **etwas im Verborgenen sehen,** auch wenn es zunächst vielleicht nicht unserer Vorstellung und Erwartung entspricht. Er ist hilfreich, wenn wir enttäuscht sind – auch über uns selbst – und lässt uns Spannungszustände zu Änderungen nutzen.

Regenbogenobsidian

Der Regenbogenobsidian regt die bewusste Auseinandersetzung **mit Fußtritten** an, die wir erhalten oder gegeben haben. Er hilft uns bei Schocks, bringt uns aber auch **mit Schattenseiten** in uns in Verbindung, die durch Unachtsamkeit von uns selbst und anderen entstanden sind und genährt werden. Er hat eine starke Wirkung auf unbewusste Vorgänge und daraus resultierende Schuldgefühle und oftmals ist eine therapeutische Begleitung erforderlich, um eine (Er-) Lösung zu ermöglichen. Dadurch trägt er mit dazu bei, dass wir **den nächsten Schritt in unserem Leben** unbelasteter tun können und diesen Schritt auch nicht mehr vermeiden, verhindern, verzögern möchten. Es kommt wieder wohltuende Bewegung in unser Leben und damit neue Chancen.

Sardonyx

Der Sardonyx gibt uns **Standfestigkeit** in schnell wechselnden Lebenssituationen, in denen wir uns **leicht entwurzelt fühlen** können. Er bewirkt aber auch, nicht **wie angewurzelt** stehen zu bleiben, macht uns handlungsfähig und lässt uns **wieder Boden unter den Füßen gewinnen.**

Schneeflockenobsidian

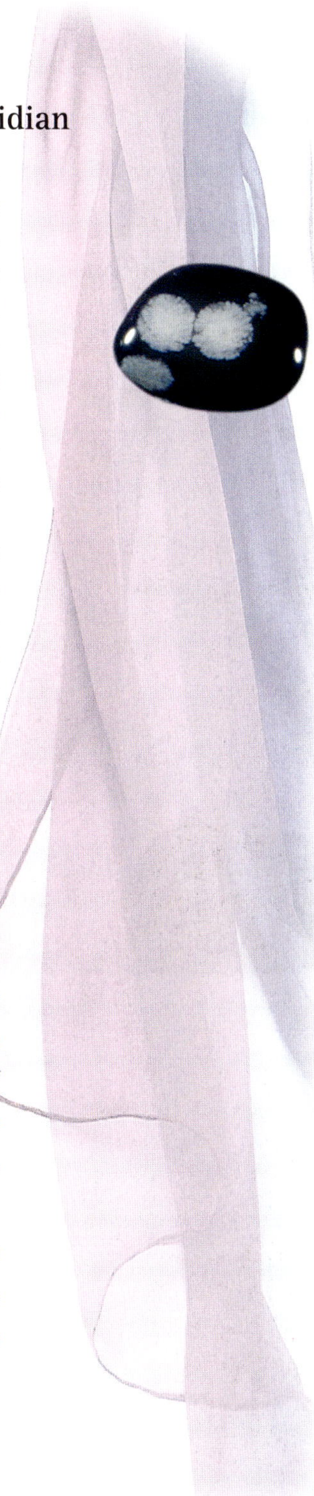

Der Schneeflockenobsidian entsteht durch erkaltende Lava in Verbindung mit Kristallisationsprozessen, woraus sich kleine Einschlüsse aus hellgrauem Feldspat bilden, die oft wie Schneeflocken, Wolken oder Blumen aussehen. Der Stein verkörpert Gegensätze in voller Schönheit: schwarz und weiß, heiß und kalt. Er integriert die Gegensätze und macht sie zu seiner Besonderheit. Er hilft uns, aus Einseitigkeiten herauszukommen – aus extrem traurigen, trübsinnigen Gedanken und Gefühlen ebenso wie aus zu viel Höhenflug und Abgehobensein. Der Schneeflockenobsidian lässt uns nicht nur das Schreckliche oder nur das Schöne sehen.

Trotz der Kriege und Katastrophen, Gewalt und Ungerechtigkeit blühen die Blumen, wächst das Gras und das Korn, lieben sich Menschen, werden Kinder geboren und wachsen heran. Das Leben hier auf Erden ist nicht entweder – oder, sondern sowohl – als auch. Der Schneeflockenobsidian hilft uns, die zwischen den Gegensätzen bestehenden Spannungen konstruktiv zu nutzen, sich der Herausforderung zu stellen und verbunden mit der höheren Weisheit eine Lösung herbeizuführen. Er führt uns dazu, wieder **mit beiden Füßen auf dem Boden zu stehen** und **gut geerdet zu sein.** Er ist auch sehr hilfreich **bei kalten Füßen.**

TIPPS: Tragen Sie ein kleines Steinchen im Schuh. Dies bewirkt, dass die Aufmerksamkeit öfter bei den ***Füßen*** *ist und diese sich beachtet fühlen – nicht nur wenn sie schmerzen oder kalt sind. Wir sind präsenter an dem Ort wo wir gerade physisch-leiblich sind – im Hier und Jetzt. In diesem Moment sind wir nicht nur „im Kopf" und auch nicht „kopflastig". Der Stein regt außerdem über die Füße Reflexzonen, Energiepunkte und Energiebahnen an und lässt unsere Füße warm werden, da er aus dem Feuer der Erde entstanden ist. Auch bei kalten* ***Händen*** *ist seine wärmende Wirkung bekannt, da der Schneeflockenobsidian generell die Durchblutung fördert. Dazu können Sie den Stein in der Hand halten, in die Hosentasche stecken oder als Armband tragen.*

Turmalinquarz

Der helle Bergkristall umhüllt die schwarzen Turmalinnadeln. Auch hier haben wir es mit einem Miteinander der Gegensätze zu tun, die in dem Edelstein ihr Zusammensein gefunden haben – ohne sich zu *mischen.* Der Bergkristall ist klar erkennbar und die Turmalinnadeln sind auch als solche erhalten geblieben. Dies ist eine wertvolle Unterstützung für Beziehungen und Partnerschaften. Der Turmalinquarz ist sehr hilfreich für Menschen, die in Bindungen und Beziehungen zu abhängig geworden sind. Überhaupt löst er uns aus zu stark gewordenen Abhängigkeiten und lässt sie uns bewusst werden.

Er **bereinigt belastende Schritte.** Indem er das Dunkle, Unbekannte mit Licht umgibt, hebt er dies deutlicher in unsere Aufmerksamkeit und lässt uns Konsequenzen erkennen – allerdings ohne zu (ver-)urteilen.

Turmalin schwarz (Schörl)

Der schwarze Turmalin **schirmt uns ab** vor Belastendem, Krankmachendem und **leitet ab**, was eine Gefahr für uns ist. Er leitet sowohl störende Schwingungen eines Raumes ab wie auch Krankes aus dem Körper. Besonders hilfreich ist er bei belastenden Wirkungen von Strahlungen, Bestrahlungen und Giften – auch bei der Chemotherapie. Er weckt in uns aber auch die Dankbarkeit für Mutter Erde, die das Belastete liebevoll aufnimmt.

TIPP: Wenn nicht bearbeiteter schwarzer Turmalin verwendet wird, sollte man auf eine möglichst unbeschädigte Spitze achten und den Turmalin mit der Spitze nach unten oder außen gerichtet zwischen die Füße legen oder in der Hand halten, auf die kranke Stelle bzw. den bestrahlten Bereich auflegen, damit die ausleitende, entlastende Wirkung optimal zur Geltung kommen kann.

Praktische Anwendung

Schwarze und schwarz-weiße Edelsteine fühlen sich besonders wohl bei den Füßen. Beim Sitzen oder Liegen und während einer Behandlung können wir sie zwischen die Füße legen. Wenn wir viele Steine davon haben, können wir sie in eine Schale geben und unsere Füße darauf stellen oder sogar darin *vergraben* wie bei einem Fußbad. Dies regt alle Reflexzonen an den Füßen an – von hier aus werden über die Energiebahnen ableitende, entlastende, erdende, wärmende Kräfte zu allen Teilen des Körpers gelenkt. Während des Schlafs können wir die Steine am Bettende unter das Betttuch legen. Tagsüber fühlen sie sich auch in der Hosentasche wohl und wirken in die Dynamik der Antriebskräfte hinein. Als Armband am Handgelenk oder als Ring sorgen sie für ausgeglichene Präsenz im Alltag.

Karneol

Der Karneol ist besonders hilfreich für die Knie und die damit verbundene Spannung zwischen Ideal und Wirklichkeit.
Die Knie sind der gelenkige Teil zwischen Oberschenkel und Unterschenkel. Sie müssen den Druck von oben aushalten, beweglich bleiben und Stabilität nach unten weitergeben, damit wir weiterhin **etwas auf die Beine stellen** und **notwendige Schritte tun können.** Die Knie haben in gewisser Weise aber auch die Spannung zwischen *oben* und *unten* auszuhalten, zwischen Ideal und Wirklichkeit. Ist die Diskrepanz zu groß zwischen dem, was wir erreichen wollen, wie wir sein möchten und dem was wir in der Realität unseres Alltags davon umsetzen und leben können, kann dies zu einer starken Belastung der Knie bis hin zu Schmerzen, Verletzungen, Erkrankungen eines oder sogar beider Knie führen. Auch wenn nur ein Knie erkrankt, kommt es oft zu einer Schmerzvermeidungshaltung, die eine zunehmende Belastung für das gesunde Knie mit sich bringt.
Es gibt eine Steinart, die bei Problemen mit den Knien und auch für die damit verbundenen Ursachen sehr hilfreich ist: der Karneol.
Der Karneol ist ein orangefarbener Edelstein, der in uns die Kräfte wieder zum Fließen bringt – von der körperlichen Ebene in den Blutbahnen, über blockierte, verfestigte Gefühle bis hin zu erstarrten Meinungen und Konzepten. Damit kommt mehr Beweglichkeit und Flexibilität in unser Denken, Fühlen und Handeln. Dies hilft uns, mit Differenzen **zwischen Ideal und Wirklichkeit** vielseitiger und kreativer umzugehen.
Die (wieder-)gewonnene Beweglichkeit hat ihre Wirkung bis hinein in die bessere Beweglichkeit der Knie, Beine und Füße. Damit ist der Karneol auch eine Hilfe bei Krampfadern, die oftmals entstehen, **weil wir uns verkrampfen** beim nächsten Schritt in unserem Leben oder **nicht mehr weitergehen möchten** oder weil wir der Meinung sind, **dass es (so) nicht mehr weitergeht** oder **weitergehen kann.**

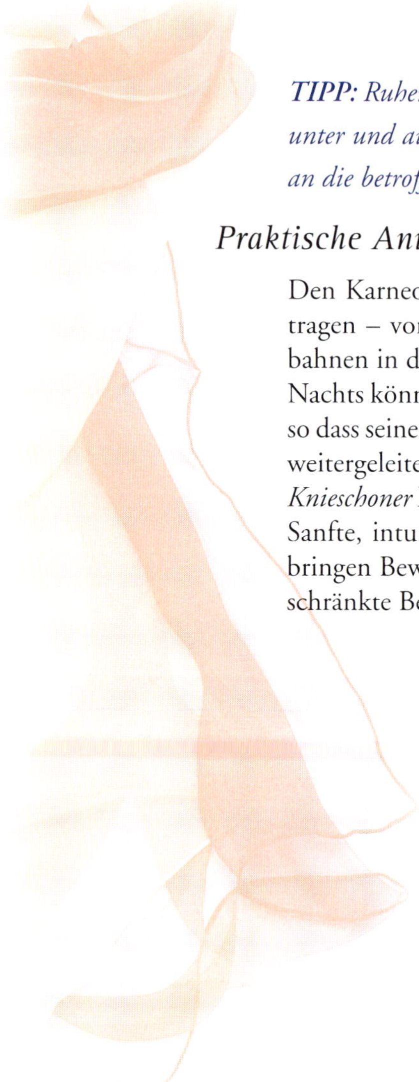

TIPP: Ruhen Sie täglich 15 – 30 Minuten im Liegen und legen Sie unter und auf jedes Knie einen Karneol – bei Krampfadern direkt an die betroffenen Stellen.

Praktische Anwendung

Den Karneol können wir tagsüber in der Hosentasche bei uns tragen – von da können seine Kräfte über Energie- und Blutbahnen in die Beine, Knie und Füße hineinfließen und wirken. Nachts können wir Socken tragen und den Karneol hineinlegen, so dass seine Energie über die Fußreflexzonen aufgenommen und weitergeleitet werden kann. Sie können einen Karneol auch in *Knieschoner* hineinlegen, um ihn direkt am Knie wirken zulassen. Sanfte, intuitive Massagen mit einem Karneol rund ums Knie bringen Bewegung in das Energiegeschehen und können eingeschränkte Beweglichkeit schneller lösen.

Erstes Energiezentrum

Rote Edelsteine

für Geschlechtsorgane, Becken, Hüftgelenke sowie die Antriebskräfte und Lebensmotivationen

Diese Bereiche unseres Körpers sind energetisch mit dem ersten der sieben Hauptenergiezentren verbunden, auch Basiszentrum genannt. Es braucht die rote Farbe besonders für seine vielfältigen, Leben erhaltenden Funktionen. Wir haben es hier mit unseren **Antriebskräften** zu tun, die mit unserer **Triebnatur** verbunden sind, und die uns **antreiben,** etwas aus unserem Leben hier auf Erden zu machen.

Auf der körperlichen Ebene spüren wir dies in den Geschlechtsorganen und dem Begehren, dem **(An-)Trieb,** sich mit dem anderen Geschlecht zu vereinigen, fortzupflanzen und auf diese Weise zu gewährleisten, dass menschliches Leben hier auf Erden weitergeht.

In unseren Gefühlen und Gedanken erleben wir diese Vorgänge als Antriebskräfte für unsere Lebensmotivationen und Lebensmotive, **die uns weiterbringen,** uns motivieren und **antreiben wie ein Motor.** Sie verleihen uns Stärke, Vitalität und Dynamik, um Ideen, Wünsche und Vorhaben in die Tat umzusetzen, zu verwirklichen und **tatkräftig** zuzupacken.

Mit dem Becken sitzen wir sozusagen auf unserer Kraft und **wir können sitzen bleiben,** wenn wir versagt haben, Anforderungen nicht gerecht wurden, wie beispielsweise in der Schule oder aber auch bei der Partnerwahl.

Die Hüftgelenke ermöglichen uns **den Schwung im Leben.** Wenn sich Teile des Hüftgelenks zu sehr abnützen, über**trieb**en belastet werden, dann werden wir in unserer körperlichen Bewegungsmöglichkeit schmerzhaft eingeschränkt, aber auch in unserer existentiellen Bewegung. Meist können wir dann **keine großen Sprünge mehr machen. Uns fehlt der Schwung** in unseren Unternehmungen, um wieder **auf die Beine zu kommen.** Etwas oder jemand kann **uns den Schwung nehmen** und damit auch eine erforderliche Schubkraft und Antriebskraft, **damit Bewegung in die Sache kommt** und Hindernisse leichter überwunden werden können.

Rote Edelsteine stärken uns, aktivieren unsere Antriebskräfte, bringen Schwung ins Leben und helfen uns, Lebensmotivationen in die Tat umzusetzen.

Achat rot (natur)

Der rote Achat unterstützt und beschützt besonders den Mann in seiner männlichen Kraft, lässt ihn **Stärke spüren** und hilft ihm, Schutz und Geborgenheit zu geben – was von ihm oft geschlechtsspezifisch erwartet wird – ohne ihn zu überfordern. Der Stein stärkt die männlichen Geschlechtsorgane und ist hilfreich bei deren Erkrankung.

Aventurin rot

Der rote Aventurin stärkt uns in unseren **Antriebskräften** und Lebensmotivationen, hilft uns aber gleichzeitig, die notwendige Geduld zu entfalten in aktiven Phasen unserer Unternehmungen und in den uns **antreibenden**, belebenden Emotionen in Beziehungen und Partnerschaften. Er lehrt uns zu wissen, dass das, **was für uns bestimmt ist**, auch zu uns kommen wird – **wenn eine Sache reif ist** und der Zeitpunkt dafür dafür gekommen ist.

Blutchalcedon

Der Blutchalcedon hilft uns, kraftvoll zu kommunizieren und **unsere Stärken überzeugend zum Ausdruck zu bringen.** Wirkt lösend in traumatische Blockaden hinein und setzt daran gebundene Kräfte frei, mit denen wir Neues schaffen können.

Botswana-Achat

Der Botswana-Achat verströmt und verstärkt Schutz und Geborgenheit, wo immer wir den Stein aufstellen oder tragen. Mit seinen sanften Farben, die Verbindungen von Grautönen mit verschiedensten Rot-, Rosa- und Blautönen zeigen, und seinen schönen Zeichnungen, die uns an Höhlen, Schneckenhäuser, kosmische Dreiecke und Augen erinnern, berührt er tief sitzende, archetypische Seelenbilder und Vorgänge in uns.
Ganz besonders beschützt er Neues: **neues Leben**, neu Entstehendes, sich Entwickelndes. Dies kann beispielsweise das heranwachsende neue Leben im Mutterleib sein, das Neugeborene, das schutzbedürftige Kleinkind. Aber auch **Ideen mit denen wir schwanger gehen,** die wir verwirklichen möchten, die sich in uns entwickeln, brauchen Schutz, Geborgenheit und Fürsorge, um bei auftretenden Widerständen, Herausforderungen, Prüfungen, Schwierigkeiten nicht gleich wieder verworfen zu werden.
Der Stein beschützt uns auch im Gebrauch unserer Sexualität und wirkt heilsam in verletzte Gefühle hinein, die durch sexuelle Erfahrungen entstanden sind.

TIPPS: Mit Lederband am Hals getragen ist es ein besonderer ***Schutzstein*** *für Kinder im Kindergarten- und Grundschulalter, wenn sich das Kind aus der Geborgenheit der Familie hinausbegibt in eine größere Gemeinschaft mit vielen neuen Eindrücken und Anforderungen.*
In der Nähe des Bettes hingelegt/aufgestellt, gibt der Stein Schutz im ***Schlaf,*** *hilft dadurch auch besonders bei Ängsten, die den Schlaf stören. Im* ***Eingangsbereich*** *entfaltet der Achat seinen Schutz für die Bewohner. Dazu eignet sich besonders eine aufgeschnittene Achat-Geode oder -Druse, eine Achatscheibe, ein Windspiel oder Mobile aus Achatscheiben.*

Calcit rot

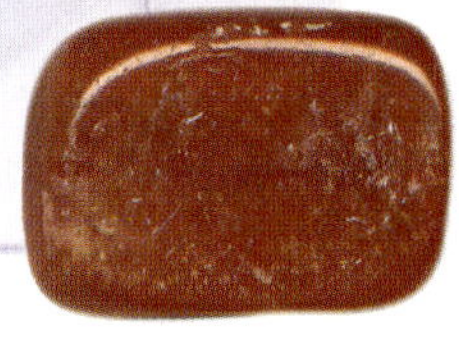

Der rote Calcit wirkt günstig auf eingeschränkte Antriebskräfte und Sexualität sowie daraus entstehende Mangelerscheinungen – so auch geringe Lebensmotivation. Nach einer Fehlgeburt hilft er dem Körper, **wieder zu Kräften zu kommen** und der Psyche, all die schmerzlichen Erfahrungen, Enttäuschungen, Schuldgefühle, (Selbst-)Vorwürfe besser integrieren zu können.

Flamm-Achat

Der Flamm-Achat stärkt die **Antriebskräfte** und aktiviert **tatkräftige** Lebensmotivationen, beschützt uns in intensiven Lebensphasen und schützt uns auch vor dem zu starken Verausgaben unserer Kräfte. Er gibt unseren Unternehmungen Schutz.

Fleisch-Achat

Der Fleisch-Achat hilft uns, sexuelle Bedürfnisse zuzulassen, löst Blockaden aus belastenden, angstvollen sexuellen Erfahrungen. Er baut zu hohe Erwartungen in der Sexualität an uns selbst und andere ab, ist hilfreich bei Frigidität und Potenzschwäche fördert die Fleischeslust.

Fluorit braun

Eigentlich ist der braune Fluorit violett – wenn wir ihn ins Licht halten, sehen wir sofort diese violette Farbe. Außerdem hat er einen hellen Streifen voller Transparenz, der den Stein wie in zwei Teile trennt oder zwei Teile vereint – je nach Sichtweise.
Mit dem *Wechsel* von Braun zu Violett erdet er die Intuition, so dass wir mit **Tatkraft** das verwirklichen können, was uns von *oben* als Eingebung, Wahrnehmung, Idee gegeben wird. Wir bekommen eine konkretere Vorstellung davon und spüren in uns das Zusammenfließen der geistigen Kräfte mit der Motivation und der **Antriebskraft** zur Realisierung.
Der transparente, helle Streifen, der quer durch den Stein geht, hilft uns, Abstand zu schaffen, notwendige Trennungen zu vollziehen und (Selbst-) Zweifel loszulassen. Er kann uns aber auch ermöglichen, zwei bisher getrennt wirksame Kräfte in uns zu einen, weil sie gemeinsam mehr bewirken, als jede für sich.

*TIPP: Bei Stirnhöhlen-, Nasenhöhlen-, Nasennebenhöhlenentzündungen sowie Erkältungskopfschmerz den Stein auf die Nasenwurzel zwischen die Augenbrauen legen; er wirkt über das **Stirnzentrum** wohltuend entlastend in diesen entzündeten Bereich. Er löst uns auch aus **zu viel Gedanken,** die uns am Tun hindern.*

Granat

Der blutrote Granat hilft immer und auf jeder Ebene, mit viel Kraft und Freude etwas Neues aufzubauen. Auf der körperlichen Ebene wirkt dies hinein in den gesunden Blut- und Zellaufbau, was besonders hilfreich ist bei Blutarmut und viel Blutverlust. Mit dem Stein werden die Geschlechtsorgane gestärkt und die Freude an der Sexualität angeregt.

In der Psyche motiviert uns der Granat **nicht zu verzagen,** wenn eine Herausforderung für unsere Kräfte zu groß erscheint. Er mobilisiert schier unerschöpfliche Kräfte und Reserven – auch in Zeiten der Not, nach Zerstörungen durch Naturkatastrophen oder Krieg.

In der Gedankenwelt stärkt er die Willenskraft, **um den Aufbau zu schaffen,** das Ziel zu erreichen.

Granat in Matrix

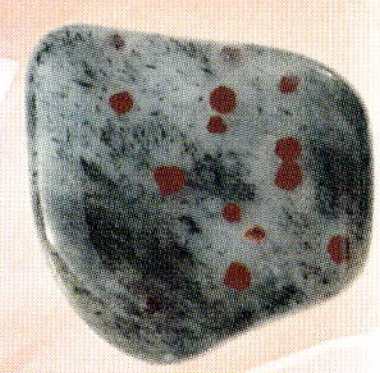

Bindet die durch Freude am Tun und (Wieder-)Aufbau belebten Kräfte stärker an die Materie und lenkt die Motivation und Tatkraft in die Verwirklichung unserer Pläne, Hoffnungen und Ziele im irdischen Geschehen. Er ist auch besonders hilfreich für ideenreiche Menschen, die eher *schwebend* sind und es daher schwer haben, etwas **auf die Beine zu stellen.**

Hämatit

Der metallisch glänzende, grauschwarze Stein färbt beim Schleifen das Kühlwasser rot und wird im deutschen Sprachgebrauch auch Blutstein genannt. Sein Name kommt aus dem griechischen und bedeutet *Blut.* Er ist sehr günstig für Blut- und Zellaufbau, für ein gutes Blutbild, Eisenaufnahme und -speicherung; er ist eine Hilfe bei allen Erkrankungen, Belastungen, Störungen der weiblichen Geschlechtsorgane und wirkt blutstillend.

In Phasen der Schwäche gibt er uns Stärke und **baut uns wieder auf,** unterstützt kühne, ermutigende Gedanken. Hämatit stärkt uns auch, uns selbst zu erkennen in dem, was wir beim anderen ablehnen. Wie ein Spiegel zeigt er uns unsere eigenen **Schattenseiten,** die wir am anderen besser als an uns selbst wahrnehmen, verurteilen und bekämpfen.

TIPPS: Der Hämatit ist ein schwerer Stein und führt oftmals zu einem Druckgefühl im Kopf, wenn er am Hals als Kette mit größeren Kugeln oder überhaupt mit mehreren Hämatitsteinen getragen wird. Es ist besser eine Kette aus kleinen Hämatitsteinen zu tragen oder nur einen Stein am Kautschuk-, Seiden-, Stahl- oder Lederband. Optimal ist es, ihn in der Hosentasche zu haben, von wo aus er direkt in den Bereich hineinwirken kann, wo seine Kraft gebraucht wird.

Hämatit-Jaspis

Der Hämatit-Jaspis hilft bei körperlichem und allgemeinem Schwächegefühl. Er stärkt, verbessert das Blutbild und die Blutbildung und ist sehr hilfreich bei hohem Blutverlust beispielsweise nach einem Unfall, einer Operation sowie nach der Menstruationsblutung der Frau und stärkeren Blutungen durch Funktionsstörungen der weiblichen Geschlechtsorgane.
Außerdem verbindet sich der Stein mit starken **Antriebskräften** und Kräften überhaupt in uns und hilft uns, diese auch zuzulassen, im Alltag zu nutzen und auszuleben und **wieder Kraft in uns zu spüren.**

Hämatitquarz rot

Die roten *Nadeln* des Hämatit sind umgeben von reinem Bergkristall. Die Verbindung mit dem Licht des Bergkristalls bringt Klarheit in die Lebensmotivationen und die daraus entstehenden Antriebskräfte. Der Stein hilft uns, wenn wir **schwach werden, bereinigt** unklare Vereinbarungen und Versprechungen, wirkt blutreinigend.

Jaspis bunt

Der rote/rotbraune Jaspis ist verbunden mit grünem Jaspis, oftmals noch mit weißen Anteilen. Damit vereint er stärkende, regenerierende und neutralisierende Kräfte in sich und ist sehr hilfreich bei Hitzewallungen während der Wechseljahre.
Er macht willensstark, belebt aber gleichzeitig auch die Gefühle und die **Weisheit des Herzens.** Er hilft uns, Anstrengungen entsprechend unserer körperlichen Kräfte zu tun und Übertreibungen zu lassen – er lässt die Weisheit und Vernunft in uns siegen.

Jaspis rot

Der rote Jaspis stärkt die **Antriebskräfte** und löst sie von Blockaden, Unterdrückung und Missbrauch, macht Mut und gibt Kraft, um etwas in Angriff zu nehmen – auch unangenehme Aufgaben. Er aktiviert dynamische Kräfte in uns, lässt uns **für etwas kämpfen, Widerstände überwinden,** um **Ziele zu erreichen** und hat einen günstigen Einfluss auf die Sexualität.
Ganz besonders stärkend und heilsam ist der rote Jaspis für die weiblichen Geschlechtsorgane. Er unterstützt die Frau in allen Stadien ihres Frauseins und wirkt dabei stark auf körperliche

Vorgänge ein, belebt viel Kraft, um die ganz unterschiedlichen Phasen und Aufgaben zu bewältigen.
Bis heute ist seine hilfreiche Wirkung bei (unerfülltem) Kinderwunsch bekannt, ebenso für die Erleichterung der Geburt und die Stärkung des Körpers danach. In der Schwangerschaft stärkt er das gesunde Heranwachsen des Kindes im Mutterleib, während der Geburtsphase sorgt er dafür, dass es das Kind leichter hat, **auf die Welt zu kommen.**

*TIPPS: Tragen Sie bei **Kinderwunsch** den roten Jaspis in Eiform in der Hosentasche bei sich und legen Sie ihn nachts unter das Kopfkissen. Mit der Form des Eies ist immer ein Neubeginn, ein neues Leben, verknüpft.*
*Während der **Geburtsphase** ist es wichtig, dass alles vorbereitet ist und das Kind jeden Moment kommen darf, da es sehr schnell gehen kann mit der Geburt. Sie sollten den Jaspis auf keinen Fall auf dem Weg zum Kreißsaal bei sich tragen oder in die Hand nehmen.*
*In Phasen großer körperlicher **Schwäche** – beispielsweise nach schwerer Krankheit, Operation, Kräfte zehrender Anstrengung – sollten Sie einen größeren Jaspis in der Hosentasche bei sich tragen, oft in die Hand nehmen und „drücken“, so dass seine Energie schnell über die Reflexzonen der Hände aufgenommen und über die damit verbundenen Energiebahnen weitergeleitet werden kann.*

Jaspis rotbraun

Der rotbraune Jaspis sorgt für Vorankommen in unserer Selbstverwirklichung, lenkt Antriebskräfte in die Verwirklichung der Pläne und Vorhaben, verfeinert dabei unser **Gespür für den richtigen Moment.**

Mahagoni-Obsidian

Der Mahagoni-Obsidian trägt dazu bei, dass wir **die vielen kleinen Dinge des Alltags** würdigen und beachten – auch wenn sich die meisten Menschen viel lieber **großen Ereignissen** zuwenden und deren imponierende und imposante Erscheinungen bewundern, und dabei vergessen, wie viel Kleinkram dazu erforderlich war und zur Vollendung beigetragen hat.

Pop-Jaspis

Der Pop-Jaspis **bringt Schwung in unser Leben** und **sorgt für Aufschwung** in unseren Unternehmungen und Beziehungen. Er ist gut für die Hüftgelenke sowie die Beweglichkeit des Beckens und holt uns heraus aus zu starker Zurückgezogenheit und zu viel Zurückhaltung.

Rubin

In diesem Edelstein vereint sich das **Feuer der Liebe** mit dem **Feuer der Spiritualität.** Partnerschaften erhalten damit einen höheren Sinn und in **Zerreißproben des Alltags** wirkt sich dies verbindend und versöhnend aus. **Starke Gefühle** können gelebt werden, die Treue füreinander intensiviert sich, das **Glück in der Liebe** wird unterstützt.

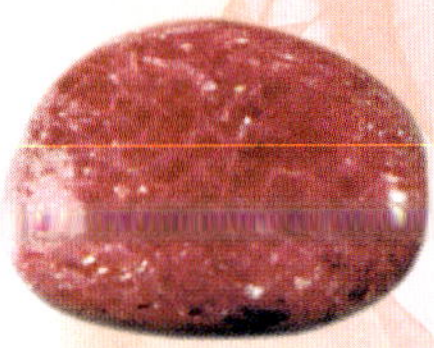

Der Rubin belebt in uns dynamische Antriebskraft und verbindet sie **mit unerschütterlicher Glaubenskraft.** Dies hilft uns, **Berge zu versetzen, das Unmögliche zu schaffen** und mit Begeisterung **Ideen in die Tat umzusetzen.** Übertriebene, unbegründete Zweifel lösen sich, die Kräfte können sich entfalten und verwirklichen.

Eine Besonderheit ist der *Sternrubin,* der durch eingelagerte Rutilnadeln einen sechsstrahligen Lichtstern bildet, der bei Bewegung des Steines über die Oberfläche zu gleiten scheint. Dies bringt zusätzlichen **Schwung in unser Leben,** in die **Verwirklichung eines Anliegens** und vereinigt dazu viele Kräfte. Der Sternrubin lässt uns bewusster und wertschätzender mit Menschen verbunden sein, die wir lieben. Aber auch das Zusammenkommen von Engeln, Licht-Freunden und -Verbündeten wird uns bewusster, und **mit dem Aufleuchten des Sterns** werden wir immer wieder daran erinnert, dass **himmlische Helfer** für uns wirken.

Rubin-Zoisit

Im Rubin-Zoisit wirken rubinrot und grün, **Tatkraft mit Glaubenskraft** und erneuernde, regenerierende, liebende Kräfte zusammen und lassen das, **was uns am Herzen liegt,** Realität werden. Der Edelstein hilft uns, **die große Kraft der Liebe** zu entdecken und im praktischen Tun zu erfahren. **Bei nachlassender Kraft** und/oder Motivation können wir **neue Impulse erleben.** Auf körperlicher Ebene wirkt er sehr regenerierend und stärkend – sowohl im Unterleib wie auch im Bereich des Herzens. Er bringt Bedürfnisse der **Herzensliebe** mit den Bedürfnissen der körperlichen Liebe in Harmonie, vereint Liebe und Sexualität.

Schlangenjaspis

Der Schlangenjaspis fördert die Beweglichkeit, **bringt Schwung in unseren Alltag** und in unseren Körper, hilft bei Problemen mit den Hüftgelenken. Der Stein **alarmiert in uns Kräfte**, um uns **vor List und Tücke zu warnen,** sensibilisiert uns überhaupt in der Wahrnehmung dessen, **was nicht gut für uns ist.** Er gibt uns deutliche Hinweise, wenn wir dabei sind, unsere physischen **Kräfte und Möglichkeiten zu überschätzen** und uns zu **sehr verausgaben.**

Tigereisen

Tigereisen kommt zu uns, wenn wir uns in einer kraftvollen Lebensphase oder kurz davor befinden und verstärkt die physische Kraft, Antriebskraft, Motivation und Leistungsfähigkeit, **macht uns Mut, lässt uns flexibel sein.** Dies sind alles Qualitäten, die uns helfen, diese Phase voller Kraft gut zu nutzen. Er unterstützt unsere Konfliktfähigkeit, so dass wir **Auseinandersetzungen nicht scheuen** und **keine falschen Kompromisse eingehen.**

TIPPS: Tigereisen am besten tagsüber in der Hosentasche tragen, öfter in die Hand nehmen; größere Steine können auch am Arbeitsplatz liegen. Wegen der stark vitalisierenden Wirkung sollte der Stein nicht in der Nähe des Schlafplatzes sein, da er körperliche, emotionelle und gedankliche Kräfte so sehr beleben kann, dass wir keinen Schlaf finden.

Thulit (roter Zoisit)

Der Thulit bestärkt uns darin, **Neues, das uns reizt** und herausfordert, zuzulassen. Er gibt uns Kraft und Ausdauer, um etwas Ungewöhnliches zu erreichen und Wirklichkeit werden zu lassen, belebt in uns die Kraft der Zufriedenheit an dem Geschaffenen und ein wohltuendes Gefühl, etwas ermöglicht und **etwas geleistet** zu **haben,** was der ganz persönlichen Begabung entspricht. Der Stein regt auch Sexualität und Lebenslust an und unterstützt das **Ausleben starker Gefühle und Kräfte.**

Praktische Anwendung

Rote Steine entfalten ihre Kräfte gut, wenn wir sie in der Hosentasche tragen, da sie sich hier direkt im körperlichen Wirkungsbereich und dem damit verbundenen Energiezentrum befinden. Als Armband oder Ring sorgen sie für Vitalität und Stärke in unseren Handlungen.

Am Hals zum Herzen hin getragen, können sie über die Schwingungen des Herzens, der Blutbahnen, der Lymphe sowie der Thymusdrüse zum Geschehen im Unterleib und Becken gelangen. Die Liebe des Herzens, unsere gefühlsmäßige Liebesfähigkeit wird dann mitschwingen und in die Antriebskräfte, Lebensmotive und Motivationen mit hineinwirken. Über die Thymusdrüse werden Wachstumsimpulse weitergegeben, die besonders hilfreich für einen regenerierenden, gesunden Zellaufbau, die Blutbildung sowie für einen Zuwachs an Lebenskraft sind.

Rote Edelsteine können auch – falls nicht anders bei der jeweiligen Steinart angegeben – während des Schlafs in Schlafplatznähe oder unter dem Kopfkissen liegen. Ihre Wirkung wird gut aufgenommen, wenn wir schlafen, da dann hauptsächlich unser Verstand und das Tagesbewusstsein *schlafen.* Die Funktionen des Körpers gehen weiter und selbst die Psyche **arbeitet auf Hochtouren** und teilt sich oftmals über Träume mit.

Zweites Energiezentrum

Orangefarbene Edelsteine

für Nieren, Kreislauf, Durchblutung, Blutdruck sowie für Partnerschaft, Beziehungsfähigkeit und Kreativität

Die Nieren gehören zum zweiten Energiezentrum, auch Vitalitätszentrum genannt, das ganz besonders die Farbe Orange braucht. Mit diesem Energiezentrum ist ein enormes kreatives und schöpferisches Potential verbunden sowie Erotik, Sinnlichkeit, Phantasie. **Wenn uns etwas an die Nieren geht,** hat dies mit Partnerschafts- und Beziehungsproblemen zu tun und wir haben öfter das Gefühl, dass **es nicht mehr fließt** zwischen zwei Menschen, dass **etwas ins Stocken geraten** ist – sozusagen zu einem Stock geworden ist, der nicht mehr elastisch und flexibel ist.

Es geht hier auch um unsere Beziehung zum Anderen und Andersartigen und wie wir damit umgehen. Meist versuchen wir die Verhaltens-, Gefühls-, und Denkweisen eines anderen Menschen mit unseren eigenen zu vergleichen, damit, wie wir selbst denken, fühlen, handeln, reagieren würden. Das führt dann häufig zu der Schlussfolgerung, dass wir anders damit umgehen würden. Oft begegnen wir hier auch vielen (unbemerkten) Vorurteilen und Urteilen in uns und im anderen und einem zwanghaften Handeln mit festlegenden Erwartungen. Beispielsweise erwarten wir: „Wenn ich das (so) mache, dann muss doch der/die andere so und so reagieren“ oder „Dies und Das muss sich dann so entwickeln“ – nämlich entsprechend dem eigenen vertrauten Muster oder Vorstellungsvermögen. Doch nicht immer empfindet der/die andere gleich oder teilt sich in derselben Weise mit. Dann besteht die Kunst des Zusammenseins in der Toleranz, Akzeptanz, in der Anpassungsfähigkeit, Flexibilität, in **den rettenden Einfällen,** den unerschöpflichen kreativen Möglichkeiten, mit denen wir bei Herausforderungen immer wieder eine interessante Wende herbeiführen und eine gute Lösung finden können.

Der schöpferische Prozess zwischen zwei oder mehr Menschen kann auf ganz verschiedene Weise, in den vielfältigsten Zusammenhängen erlebt und gelebt werden, Neues wird kreiert und entsteht.

Ein elementarer Schöpfungsakt ist die sexuelle Vereinigung zweier Menschen, erfüllt und getragen von Liebe, Libido, vitaler Lebenslust, Erotik und Sinnlichkeit, aus dem ein neues Menschenleben entstehen kann. Es gibt jedoch darüber hinaus unzählig viele Schöpfungsprozesse in unserem Alltag, die **etwas (Neues) entstehen lassen.** Hierzu brauchen wir statt **erstarrten Meinungen** fließende Kräfte, die geistige, emotionale und handlungsaktive Beweglichkeit, Vielseitigkeit, Spontaneität und Kreativität ermöglichen und hervorbringen.

Auch im körperlichen Geschehen ist das zweite Energiezentrum mit dem Fließen der Kräfte verbunden und verantwortlich für Blutkreislauf und Blutdruck. So können wir **auf 180 sein** und meinen damit zunächst eine starke emotionale Aufregung. Kommt dies häufig vor und verkraften wir dies nicht so gut oder können diese stark **in Bewegung** gekommenen Gefühlskräfte nicht kreativ-konstruktiv nutzen, kann dies zu erhöhtem Blutdruck beitragen.

Orangefarbene Edelsteine bringen wohltuende Bewegung, Vitalität, Kreativität und Beziehungsfähigkeit in unser Leben.

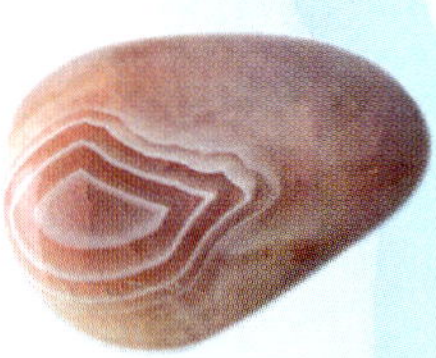

Apricot-Achat

Der Apricot-Achat verleiht Partnerschaften und Beziehungen Schutz und Geborgenheit und stärkt die Bereitschaft und Fähigkeit, Partnerschaften einzugehen.

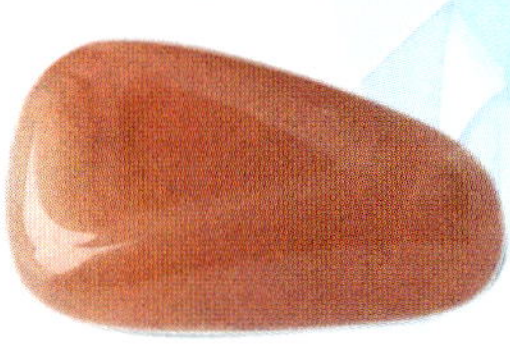

Aventurin orange

Der Aventurin baut Vorurteile ab und fördert die Geduld in uns mit Freunden, Partnern, Familienmitgliedern, Kollegen – und mit uns selbst. Dies ermöglicht lebendige, vitale, **langlebige Beziehungen** und löst aus zu viel Hemmungen, Blockaden und **Sprunghaftigkeit.**

Calcit orange

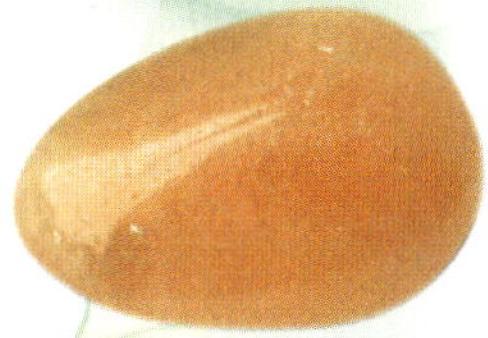

Der orangefarbene Calcit löst **hemmende Kräfte,** die oft schon in der Kindheit geprägt wurden, beispielsweise wenn immer wieder andere uns als erstrebenswertes Beispiel gezeigt, mit uns verglichen oder wir in unserem Elan gebremst wurden. Wir können eine innere Aussöhnung mit dieser Prägung erleben und mit Freude das (an-)erkennen, was wir können und schon **in unserem Leben geleistet haben.** Ein vitaleres Lebensgefühl und stärkeres Selbstwertgefühl kann sich entfalten sowie eine viel bessere Beziehungsfähigkeit.

TIPPS: Den Calcit orange gibt es oft auch in ***Ei-Form.*** *Damit kann sich ein neues vitales Lebensgefühl aufbauen, das für mehr Kreativität in Beziehungen sorgt und alte Beziehungsmuster lösen hilft.*
Als ***Kugel*** *geschliffen und im Raum aufgestellt, leuchtet der Calcit orange wie eine Sonne und verströmt ganz viel Freude, Wonne, Vitalität. Er durchdringt in „dunklen" Stunden unser Gemüt, so dass die starken Impulse der Lebensfreude das Dunkle durchströmen und die Freude siegt. Die Kugel lässt unser Leben „rund" werden und unsere Ergänzung zum Glück finden, ganz besonders auch in einer Lebenspartnerschaft. Wir werden bereit,* ***die Verantwortung mitzutragen*** *für eine Gemeinschaft.*

Feuerachat

Der Achat mit opalähnlichem Farbenspiel belebt Kreativität und Engagement im Alltagsgeschehen, fördert dynamische, konstruktive Lösungsstrategien in einer Gemeinschaft und in der Zusammenarbeit.
Er stärkt die Sinnlichkeit, Erotik, Liebes- und Lebenslust, ist wirksam **bei erkalteten Gefühlen,** beschützt Liebe und Partnerschaft.

Feueropal

Der Feueropal belebt das Temperament und unterstützt introvertierte Menschen, mehr **aus sich herauszugehen, auf andere zuzugehen,** spontaner zu sein. Er lässt **Funken der Begeisterung überspringen,** vitalisiert, motiviert und mobilisiert starke Kräfte und hilft den Menschen, sich mit ihren Begabungen zu verwirklichen.

Hessonit (Mandarin-Granat)

Dieser Granat mit seinen warmen Orange-Farbtönen bringt Kreativität und Vitalität in jeglichen Neuaufbau sowie die Fähigkeit, andere **für das Neue zu motivieren** und zu gewinnen. Er verhilft zu Selbstachtung und Wertschätzung der Persönlichkeit, was auch günstig in neue Begegnungen, Beziehungen und Partnerschaften hineinwirkt.

Karneol

Der Karneol kann gestaute Energien **wieder in Fluss bringen** und hat eine sehr günstige Wirkung auf Durchblutung, Blutdruck, Nierentätigkeit sowie Knie und Krampfadern.
(Siehe dazu auch die Beschreibung auf Seite 13 Karneol für die Knie).
Karneol ist aber auch sehr hilfreich, wenn wir uns nach Partnerschaft sehnen, wenn wir Probleme in Beziehungen und Partnerschaften haben. Er belebt unser kreatives, schöpferisches Potential und bringt Sinnlichkeit, Vielseitigkeit und Flexibilität in unser Tun und in unsere Begegnungen mit anderen; er wirkt günstig bei Problemlösungen.

Sarder

Sarder ist ein braun-orangefarbener Karneol. Er entfaltet kreative und schöpferische Kräfte in herausfordernden Situationen des Alltags und hilft uns, diese konstruktiv einzusetzen. Er belebt Gemeinschaftssinn, gute Zusammenarbeit sowie Flexibilität und fördert damit die berufliche Karriere ebenso wie ein kreatives Problemlösungsverhalten. Dies brauchen wir in der heutigen Zeit mehr denn je, da **alte Muster überholt sind** und nicht mehr mit bisherigen Erfahrungen und Rezepten zur optimalen Lösung führen.

Sonnenstein

Der Sonnenstein eröffnet uns ein **schillerndes Potential** im Umgang mit anderen Menschen, löst aus Bewertungen und (Vor-)Urteilen, bringt in Beziehungen Freude und Lebendigkeit, die stärker sind als Beziehungsängste und frustrierende Erfahrungen in Begegnungen. Der Sonnenstein fördert die Freundschaft unter den Menschen – ist ein Freundschaftsstein.

Praktische Anwendung

Werden orangefarbene Steine in der Hosentasche, als Armband oder als Ring getragen, wirken sie hinein in das körperliche Geschehen über die Nieren und über das zweite Energiezentrum, das sich unterhalb des Bauchnabels befindet, und in die Handlungsfähigkeit.

Am Hals, im Brustraum und Herzensbereich verbinden sie sich mit der Freude und Begeisterungsfähigkeit des Herzens. Über die Thymusdrüse wird das kreative Wachstum in unseren Beziehungen und in der Beziehungsfähigkeit gefördert.

Wenn der Stein während des Schlafs unter dem Kopfkissen liegt, können sich ganz besonders **verhärtete Meinungen, erstarrte Denkweisen** lösen und neue Gedankenkräfte bilden und uns mit Informationen durchfluten. Das Gehirn und die Gehirnzellen werden besser durchblutet.

Drittes Energiezentrum

Gelbe Edelsteine

für Magen, Leber und Galle, Milz und Bauchspeicheldrüse sowie für Lebensfreude, Mut und Selbstbewusstsein

Der gesamte Verdauungsbereich hat zu tun mit Wandlung und Transformation, Selbstbewusstsein und (Selbst-) Beherrschung, Macht und Ohnmacht, Angst, Unterdrückung und Mut, Nähe und Distanz, Abwehr und Integration.

Diese Vorgänge sind nachvollziehbar am Beispiel der Verdauungsarbeit von Speisen und Getränken. Was wir zu uns nehmen, wird bei der Verdauung aufgespalten und neu zusammengesetzt. Bereits während wir essen, kommt es nicht nur darauf an, was wir essen sondern auch, wie wir essen. Alle Gedanken und Gefühle, die wir während des Essens haben, essen wir mit. So kann es sein, dass wir trotz bester *Vollwertkost* uns doch nicht vollwertig ernähren, da wir mit Gedanken und Gefühlen ganz woanders sind und nicht bei der Dankbarkeit und Freude des Essens. So spüren wir die Liebe nicht, die wir mit der Nahrung aufnehmen: die Liebe des Schöpfers, die so groß ist, dass sie sich in Teilen der Schöpfung hingibt, um uns mit unserem Körper am Leben zu erhalten und zu nähren; die Liebe und das unermüdliche Wirken unzähliger Lichtkräfte der Natur; die Mühe der Menschen, die diese Nahrungsmittel erzeugen, die dafür sorgen, dass wir sie kaufen können, die sie zubereiten.

Wenn wir davon sprechen, dass wir **etwas hinunterschlucken,** dass uns **etwas (unverdaut) im Magen liegt,** meinen wir damit hauptsächlich Emotionen und Erfahrungen, die uns ärgern, wütend und letztendlich hilflos machen und die wir nicht verarbeiten und integrieren konnten. Gestaute Wut, gestauter Ärger sind mächtige

Gefühlskräfte mit vergiftender Wirkung, die **eine Laus über die Leber laufen** und **die Galle überlaufen lassen** – wie **der Tropfen, der das Fass zum Überlaufen** bringt. Vergiftende Gedanken und Gefühle belasten die Leber, das Organ der Entgiftung.

Bei problematischen Auseinandersetzungen mit Nähe und Distanz, **wenn uns niemand zu nah kommen** darf, hat dies oft mit einem gestörten Verhältnis zu Zärtlichkeit und **der Süße des Lebens** zu tun und mit einer gestörten Insulinausschüttung der Bauchspeicheldrüse.

Mangelndes oder gutes Selbstbewusstsein hat auch eine Auswirkung auf die Milz und die Bildung der Abwehrkräfte, Stärkung des Immunsystems sowie die Anregung zur verstärkten Leukozytenbildung. Die weißen Blutkörperchen werden als **Polizei des Körpers** bezeichnet und sorgen für die körpereigenen Abwehrkräfte.

Wenn **wir uns nicht wehren können, nicht immun sind gegen etwas,** so kann uns dies schwächen – und das nicht nur körperlich. **Wir können aber auch schwach werden,** wenn uns jemand oder etwas gefällt. Dies hat dann nichts damit zu tun, dass wir keine Kraft mehr haben, sondern eher dass wir keine Kraft haben, etwas abzuwehren, abzulehnen, **was einen Reiz auf uns ausübt.**

Unsere körperlichen Funktionen zeigen uns, dass es lebenswichtig ist, abzuwehren, was unsere Gesundheit gefährdet. So ist es wichtig, dass **wir uns wehren können,** Gefahren abwehren können. Wenn wir dies aus einem missverstandenen Friedens- oder Harmoniebedürfnis heraus nicht tun, entstehen Einseitigkeiten und Belastungen, welche die Gesamtharmonie stören und irgendwann ihren extremen Ausgleich fordern. Ebenso einseitig und belastend ist es, wenn Abwehrkräfte übertrieben stets und ständig mobilisiert werden, **wenn wir uns gegen alles und jeden wehren,** abgrenzen, sofort **Nein sagen.** Dann können Kräfte (selbst-)zerstörerisch wirken.

All diese Organe und Vorgänge sind mit dem dritten Energiezentrum verbunden, auch Solarplexus-Zentrum genannt, das sich in der Mitte des Bauches zwischen Nabel und Rippenbogen befindet und besonders die gelbe Farbe braucht.

Wir können uns dieses Energiezentrum wie eine leuchtende Sonne vorstellen, die in alle Richtungen leuchtet und strahlt, wenn wir in der Mitte zentriert sind und nicht einseitig in einem Extrem länger verharren. **Diese leuchtende Sonne ist eigentlich immer da – auch wenn dunkle Wolken sie verdecken.** Daran können wir denken, wenn dunkle Gefühle und Gedanken ein bejahendes, strahlendes Lebensgefühl in uns überdecken und uns depressiv werden lassen, wenn **wir uns klein machen (lassen)** oder überheblich sind, ängstlich oder übermütig, **sauer oder süß.**

Gelbe Edelsteine bringen Licht und Freude in unser Leben, erhellen unser Gemüt, stärken eine sonnige Ausstrahlung, mit der sich unser innerstes Wesen verströmen kann.

Bernstein

Der Bernstein ist aus dem Harz von Nadelbäumen entstanden, den fließenden und überfließenden Kräften. Er wird aber auch gebildet, um Verletzungen und Wunden der Bäume zu verschließen. So ist Bernstein sehr wirksam bei jeglicher Wundheilung sowie bei inneren Wunden, die entstanden sind durch ein verletztes Selbstwertgefühl.
Er fördert aber auch den fließenden Umgang mit dem **Überfluss des Lebens,** ohne den Fluss behindern oder festhalten zu wollen. Damit kommen wir im Alltagsgeschehen in eine wohltuende Leichtigkeit und Beweglichkeit. Bernstein an sich ist auch ganz leicht. Er ist **ein wahrer Glücksstein,** der uns mit Menschen zusammenführt, die uns **zum Erfolg verhelfen,** gerade auch dann wenn es sehr schwierig und *harzig,* **zähfließend** geworden ist und **wir uns durchbeißen müssen.**
Zudem ist seine Unterstützung im Stoffwechselgeschehen und der Beweglichkeit der Gelenke sehr bekannt.

TIPPS: Sehr hilfreich beim ***Zahnen*** *der Kinder – als Kette um den Hals getragen – möglichst ohne Metallverschluss.*
Aber auch Erwachsene profitieren vom Bernstein, wenn sie ihn dabeihaben beim ***Zahnarzt*** *und in der Hand halten während der Zahnbehandlung.*
Im Mittelmeerraum behauptet sich bis heute der Glaube, dass ein Mann nie seine ***Männlichkeit*** *verliert, immer seinen Mann steht, wenn er stets ein Stück Bernstein bei sich trägt.*
Bei ***Gelenkschmerzen*** *ist es besonders hilfreich, ein Bernstein-Armband zu tragen.*

Calcit gelb

Der gelbe Calcit wirkt mit wohltuender Zuversicht in **ein angeknackstes Selbstbewusstsein** hinein und lehrt uns, das Feine, **das Zerbrechliche in uns** zu leben und selbstverständlich auszustrahlen, ohne uns mit anderen zu vergleichen, die im üblichen Sinne laut und dynamisch wirken. Dieser Edelstein lässt uns auch spüren, dass es möglich ist, uns in dieser feinen Kraft **erfolgreich zu wehren.**

*TIPP: Mit der Herzform werden wir für neue Beziehungen oder auch in schon bestehenden Beziehungen feinfühliger und selbstbewusster, nehmen uns **nicht mehr alles so sehr zu Herzen.***

Calcit honigfarben

Der honigfarbene Calcit entfaltet Wärme in unserer Ausstrahlung, die überspringt und für Nähe, Zärtlichkeit und **die Süße im Leben** sorgt, hilft **Distanzen zu überwinden.** Dies tut der Bauchspeicheldrüse und der Insulinausschüttung gut.

Chiastolith (Kreuzstein)

Chiastolith **macht uns immer wieder Mut, nicht aufzugeben** – besonders dann, **wenn unsere Pläne durchkreuzt werden;** stärkt uns in der Identitätsfindung und in der Abwehr belastender Kräfte.

*TIPP: Als Kugel **kann er eine Sache ins Rollen bringen,** die blockiert ist.*

Citrin

Natur-Citrine sind in einem hellen, fein wirkenden Gelb gewachsen. Sie helfen uns, **das Feine in uns** zu stärken und zum Selbstausdruck werden zu lassen. Dies ist eine hilfreiche Entwicklung für alle Menschen, die sich **aus der lauten Welt zurückgezogen** haben, aber spüren, dass sie **mit ihrem feinen Wesen** sehr wohl etwas bewirken können und möchten.
Viele Citrine im Handel sind durch *Brennen* des Amethyst entstanden. Aus dem violetten Edelstein wird ein gelber. Der Stein ist sozusagen **durchs Feuer gegangen** und hat eine Transformation, eine Wandlung, vollzogen. Dies ist ein wichtiger Vorgang, der beim Menschen während der Verdauung abläuft. Dabei sprechen wir sogar davon, dass wir die Nährstoffe verbrennen. Der gebrannte Citrin ist sehr hilfreich für alle Verdauungsorgane, aber auch für das, **was uns im Magen liegt, was wir nicht verdaut haben.** Er transformiert **vergiftende Gefühle und Gedanken,** ermutigt uns, Wandlungen, Veränderungen zuzulassen und Lösungswege bei gestauter Wut, Ärger und Hilflosigkeit zu finden. Er stimmt uns optimistisch, stärkt die Lebensfreude und das Immunsystem.

Jaspis gelb

Gelber Jaspis gibt Beständigkeit in der Umsetzung unserer Motivationen, stärkt die **Freude am Tun** und wohltuendes Selbstvertrauen; löst aus übertriebenen Erwartungen und daraus resultierenden Versagensängsten.

Landschaftsjaspis (Bildjaspis)

Landschaftsjaspis lenkt unsere Wahrnehmung auf die Kraft und **Schönheit der Natur** und lässt uns Mut und Kraft daraus schöpfen; er sorgt für Durchhaltevermögen und stärkt bei lang anhaltenden Belastungsphasen.

Onyx-Marmor

Onyx-Marmor regt den Ausgleich zwischen Ruhephasen und aktiven Phasen an; löst aus der Abhängigkeit von Dauerstress und zu viel Anreizen; unterstützt die angemessene Anwendung von Durchsetzungskraft und Nachgiebigkeit. **Er bringt in Balance.**

Pyrit

Pyrit löst aus der Abhängigkeit von Lob und Zuwendung und unterstützt unser tiefinneres Wissen um das Verbundensein mit Licht-Freunden. Diese helfen uns, aus dem *Mangelbewusstsein* in die Fülle unserer Möglichkeiten zu kommen, führen uns aus Minderwertigkeitsgefühlen, Hilflosigkeit, **ohnmächtiger Wut** und **vergiftenden Emotionen** heraus und bestärken uns in Mut und Wohlwollen für uns selbst und andere. Viele innere Spannungen und auch Magenkrämpfe können sich dadurch lösen.
Die *Pyritsonne* stärkt unsere selbstbewusste Ausstrahlung und die bewusste Verbindung mit Licht-Freunden, **besiegt damit Ängste** und Selbstzweifel. Dies hat eine starke Schutzwirkung, **weil uns nichts treffen kann,** was wir nicht integrieren oder abwehren können.
Der *Pyritwürfel* bringt Glück und Freude ins Leben, **sorgt für goldene Momente,** manifestiert tiefinnere Zufriedenheit.

Palmholz versteinert

Versteinertes Palmholz sensibilisiert uns für die Würde des Menschen; **lässt uns nicht zerbrechen,** wenn wir uns **höheren Gewalten und Fügungen zu beugen** haben, sondern fördert die Flexibilität. Dies hat auch eine günstige Wirkung auf Knie und Wirbelsäule.

Peruan Jade

Peruan Jade löst schwierige Erfahrungen und Situationen, die durch mangelndes Selbstbewusstsein entstanden sind, indem wir (an-)erkennen, was wichtig und förderlich ist.

Rutilquarz

Die *goldenen* Nadeln im Bergkristall werden mythologisch auch als Venushaar oder Engelshaar bezeichnet. Sie sind wie göttliche Lichtpfeile, die schnell **zum wunden Punkt** in unserem Körper, in den Gefühlen und Denkweisen finden und sofort **erste Hilfe** bringen.

Jeder Heilungsvorgang im Körper wird beschleunigt. Das Kraftraubende von zu viel Hin- und Herüberlegen wird beendet und die Entscheidungsfähigkeit erhöht. Ausgeglichenheit und Harmonie entfaltet sich und wirkt in das Gemüt aber auch in die Körperzellen hinein, so dass selbst belastete und kranke Körperzellen sich wieder in die gesunde Harmonie einfügen können.
Gleichzeitig wirkt die reinigende, klärende Ordnung des Bergkristalls, der die Rutilnadeln umgibt, in das Geschehen hinein.

TIPPS: Rutilquarz ***direkt auf die Stelle legen,*** *die Entlastung und Heilung braucht oder in diesem Bereich* ***bei sich tragen*** *zum Beispiel als Halskette, Armband oder als Trommelstein, Handschmeichler in der Hosentasche.*
Massagen *mit dem Rutilquarz intensivieren die Durchdringung der Belastung und Disharmonie mit den goldenen Lichtpfeilen sowie die klare, lichtvolle, ordnende Kraft des Bergkristalls.*

Hat der Stein ***viele Nadeln,*** *die „kreuz und quer" gehen, unterstützen uns seine Kräfte darin, Spannungen besser auszuhalten und Gegensätzliches integrieren zu können.*
Mehrere ***parallel verlaufende goldene Nadeln*** *im Stein helfen uns, Energien zu bündeln, Fähigkeiten zu fokussieren und auszurichten, mit „vereinten Kräften" an eine Sache heranzugehen.*
Sternförmige Anordnungen der Nadeln *sind selten und ganz besonders wirkungsvoll, da sie viele göttliche Kräfte, Aspekte und Hilfen für uns zusammenführen.*

Tigerauge

Tigerauge ist hilfreich **bei vergifteter Atmosphäre**, bei Leber-/Gallebeschwerden und sorgt für Flexibilität und Beweglichkeit – sowohl für den Körper, besonders auch für den Rücken und die Gelenke – wie auch beim Umgang mit starken Emotionen und für die Gedankenwelt.
Erstarrte Meinungen, Vergesslichkeit, Prüfungsangst können sich schnell lösen. Eine kompetente Präsenz entwickelt sich im entscheidenden Moment. Konzentrationsfähigkeit kann sich mit hilfreichen Einfällen und guten Ideen verbinden sowie mit gestärktem Selbstbewusstsein, so dass in Prüfungssituationen alles zur Verfügung steht, um das vorhandene Wissen optimal einzusetzen.

TIPP: Tigerauge nicht mit in den Schlaf nehmen oder in Schlafplatznähe legen, da er dann zwar gute Ideen belebt, aber unseren Verstand und damit auch Körper und Gefühlswelt ***nicht zur Ruhe kommen*** *lässt.*

Topas Imperial (gelber Edeltopas)

Topas Imperial stärkt und stabilisiert **ein sonniges Gemüt.** Er hilft aus der Depression heraus, entlastet bei übertriebener Herrschsucht und Selbst-Beherrschung sowie selbstzerstörerischen Kräften. Er führt immer wieder zur Lebensfreude, fördert ein verlässliches Selbstvertrauen und ermutigt zur Selbstverwirklichung.
Gerade in seiner gewachsenen Form als Säule mit natürlicher Spitze ist der gelbe Edeltopas besonders wirkungsvoll bei Depressionen.
Die Ursachen für viele Depressionen entstehen oft bereits in der Kindheit mit der vehementen Unterdrückung starker Gefühle des Trotzes, des Wollens, sich Behauptens und Durchsetzens, des Zornes, der Wut und des Aufbegehrens. Erwachsene Bezugspersonen versuchen angesichts der Gefühlsausbrüche dem Kind zu vermitteln, dass es so nicht geht – ohne Hinweise oder Hilfen geben zu können, wie es denn geht. Mehr oder weniger schnell *lernt* das Kind als Ausweg die Flucht, den schmollenden Rückzug in ein Versteck mit der Hoffnung, da wieder herausgeholt und möglichst getröstet, gehalten, geliebt zu werden.
Hilflosigkeit, Selbstmitleid, Seelenschmerz graben sich tief ein und führen nach einiger Zeit dazu, dass die ursprünglichen Ge-

fühle nicht mehr empfunden werden, sondern statt dessen eine große **Traurigkeit, in die sich der Mensch vergräbt.** Innerlich wächst dabei die Sehnsucht – oftmals nicht bewusst – nach übermäßiger Zuwendung von Menschen seiner Umgebung und die Hoffnung auf Mitleid und Hilfe.
Wird dieser Vorgang zu einem Verhaltensmuster, führt er oft zur Depression, in der die unterdrückten Gefühle nur noch durch Traurigkeit erlebt werden können und wo **das hoffende Kind im Erwachsenen** weiterlebt – wobei es immer schwieriger wird, den Menschen aus seinem Rückzug herauszuholen.
Das Wachstum des gelben Edeltopas als Säule gibt Stabilität im Leben und bei Stimmungsschwankungen. Die Spitze des Steines sorgt für die Ausrichtung nach oben, für die Hinwendung zum Licht, zu Lebendigkeit und Freude. Sie gibt uns immer wieder aufs Neue einen Impuls, einen **Schubs** dorthin. Dies hilft, um aus trüben Gedanken und Gefühlen, aus Dunkelheit und Rückzug ins lebendige Leben, in die Wärme der Sonne und der Gemeinschaft zurückzukehren.

TIPP: Eine Edeltopas-Spitze sollte beim Tragen oder Auflegen nicht nach unten zeigen, sondern nach oben. Dies unterstützt nochmals die Ausrichtung der Kräfte nach oben, zum Lichtvollen hin.

Praktische Anwendung

Gelbe Edelsteine können in der Hosentasche getragen werden – von da aus steigt ihre Ausstrahlung nach oben in den Bauchraum und in das Solarplexus-Zentrum, wo ihre Kraft besonders gebraucht und aufgenommen wird. In diesem Bereich können sie auch aufgelegt werden oder wir können hier mit Stein-Massagen die Wirkung verstärken.
Werden gelbe Steine am Hals zum Herzen hin getragen, strömt ihr sonniges leuchtendes Gelb durch Brustraum, Atemwege und Herz, belebt dabei verstärkt das Gefühl der **Herzenswärme** und die Freude – die Freude, zu atmen und zu leben, die Freude, sich selbstbewusst mitzuteilen, die Freude zu lieben und geliebt zu werden. Als Armband oder als Ring getragen, stärken gelbe Steine ein selbstbewusstes Handeln.
Unter dem Kopfkissen während des Schlafs senden sie unaufhörlich ihre lichtbringenden sonnigen Kräfte in unser Gemüt, erhellen Gefühle, Denkweisen und Wahrnehmungen, wirken hinein in Disharmonien und Störungen unserer Verdauungsorgane.

Viertes Energiezentrum

Grüne, rosafarbene, weiße Edelsteine und Bergkristalle für Herz und Hände und für Liebe, Weisheit und Mitgefühl

In unserem Herzen begegnen wir dem großen Potential der Liebe und den vielseitigen Eindrücken, die wir mit geliebten Menschen erlebt haben. Wir begegnen dem, **was uns am Herzen liegt**, der **Herzensliebe, Herzensfreude,** was **unser Herz schmerzt,** dem **Herzschmerz** und **Herzeleid, woran unser Herz hängt, was wir uns von Herzen wünschen.** All dies hat mit Liebe zu tun und mit Erwartungen – an uns selbst und andere – und mit tief gehenden, schmerzhaften Ent-Täuschungen.

Unser Herz hat nicht nur in unserem Körper zwei Herzkammern, sondern auch im Herzzentrum, dem vierten Energiezentrum, haben wir zwei Farb-Bereiche für das Erfahren und Entfalten von Liebe: grün und rosa.

Durchdrungen ist die Liebe von der reinen Flamme der ewigen göttlichen Liebe, Christuskraft und Weisheit.

Grüne Edelsteine

Grün hat eine stark regenerierende, vitalisierende Kraft und wirkt hinein in die Liebe zu allem Geschaffenen, Sichtbaren, Spürbaren – in die Liebe zu uns nahestehenden Menschen und zu geliebten Gewohnheiten, zu Tieren, Pflanzen, Steinen, Gegenständen, Vereinbarungen … Es ist die Farbe der Natur, der Wiesen und Wälder, wo wir immer wieder neue Energie schöpfen können, Belastendes sich auflöst, **die Seele sich labt** und erfreut an der Schönheit der Schöpfung, wo unsere Gedanken zu wohltuender Ruhe kommen.

Das herzerfrischende Grün entfaltet Hoffnung, stärkt das Gemüt und das Herz, sensibilisiert uns für die zwischenmenschliche Liebe und dass wir einander brauchen und füreinander da sind. Es fördert die Toleranz, Ausgeglichenheit und Harmonie, intensiviert Wahrhaftigkeit und Natürlichkeit, sorgt für Wachstum und lehrt uns, **großherzig** zu sein.

Grüne Edelsteine stärken die liebende Kraft, sind wie Lebenselixier und besonders hilfreich, wenn das körperliche Herz bereits geschwächt oder erkrankt ist.

Amazonit

Der Amazonit führt uns in die Dankbarkeit und Wertschätzung des Erdenlebens, das wir mit all den Schwierigkeiten und Hindernissen für die Erlösung und Entwicklung unserer Seelenkräfte brauchen, so wie die reine Lotusblüte zum Entfalten und Erblühen den Morast und Schlamm für ihre Wurzeln braucht. Amazonit kann uns aus **Herzschmerz lösen,** der durch Kummer kommt, und Einsicht ermöglichen in die Weisheit der großen göttlichen Liebe, die uns nicht bestrafen, sondern voller Liebe zu unserer lichtvollen Bestimmung führen will.

Apophyllit

Der Apophyllit löst aus Abhängigkeiten, **woran unser Herz hängt** und ist ein hilfreicher Stein bei Verlusten und Verlustängsten. Er hilft in dem Streben, in allem das Wirken der Liebe zu entdecken und aus Liebe loszulassen.

Aventurin grün

Der grüne Aventurin stärkt das Vertrauen in die **Weisheit des Herzens,** lehrt uns die Geduld. Das intensive Grün des Steines erinnert uns an die sich erneuernden Kräfte in der Natur, die nach Rückzug und Winterschlaf im Frühling zu neuem Leben erwachen. So wie die Natur im kargen, kalten, dunklen Winter weiß, dass der nächste Frühling kommt, wissen wir mit der tiefinneren natürlichen Weisheit des Herzens, dass es immer wieder neue Hoffnung, neues Leben, neues Glück gibt. Mit Geduld kann sich wieder neues Vertrauen entfalten und die **Herzensliebe** gedeihen. Wir können innere Ruhe und Frieden finden. Mit der Stärkung der inneren Ruhe und Gelassenheit hilft der Aventurin bei Hautproblemen, **löst aus vielen kreisenden Gedanken** und fördert das Einschlafen und den erquickenden Schlaf.
Seine stark regenerierende Kraft ist auch sehr hilfreich bei einem schwachen körperlichen Herzen und wenn wir **ein zu weiches Herz haben,** zu schnell und zu oft **schwach werden.**

TIPPS: In Herzform wirkt der Stein besonders auf das Herz – sowohl körperlich wie auch gefühlsmäßig.
Zur Unterstützung des Schlafs und bei zu vielen Gedanken, die uns ***nicht zur Ruhe kommen lassen,*** *den Stein unter das Kopfkissen legen.*

Azurit-Malachit

Der Azurit-Malachit **bringt Herz und Verstand zusammen,** verbindet die Glaubenskraft mit der Herzensliebe, lässt uns der **Stimme des Herzens** vertrauen und löst Konzepte der Schuldzuweisungen. In dieser Kombination unterstützt der Edelstein die Konzentration und gleichzeitig die Gelassenheit. Bekannt ist auch, dass er gesundes Zellwachstum fördert, zu innerer Harmonie und Ausgeglichenheit führt.

TIPP: Da die Verwachsung von Azurit mit Malachit in der Natur sehr selten vorkommt, sind häufig so genannte Rekonstruktionen (Pressprodukte) im Handel. Fragen Sie beim Kauf nach.

Baumachat

Der Baumachat verbindet mit der Kraft und Weisheit der Bäume und hilft, unsere **Wurzeln gut zu entwickeln,** um in unserem höheren Streben nicht den **inneren Halt und den Kontakt zum Boden zu verlieren.** Er belebt die Entfaltung des Lebensbaumes und bestärkt uns darin, individuelle Begabungen und Fähigkeiten mit Ausdauer und Weisheit weiterzuentwickeln und zu nutzen.

Calcit grün

Grüner Calcit lindert **Herzschmerz** und Kummer, ist heilsam bei **gebrochenem Herzen** aber auch bei Knochenbrüchen und Knochenbrüchigkeit. Er hat eine günstige Wirkung auf den Herzrhythmus und ist hilfreich, wenn wir dazu neigen, uns etwas zu sehr **zu Herzen nehmen.**

Chrysoberyll

Der Chrysoberyll verbindet Lebensfreude und **Herzlichkeit,** lässt uns selbstbewusst die Liebe des Herzens ausstrahlen, mildert die Strenge zu uns selbst und anderen, fördert Güte, Ehrlichkeit und Toleranz.

Chrysokoll

Der Chrysokoll sensibilisiert uns für die Schönheit der Natur, die Schönheit der Herzensliebe und fördert die Schönheit in unserer Umgebung. Er hilft dem Körper bei der Verarbeitung denaturierter Nahrung und der Psyche **bei bewegenden Gefühlen,** Überempfindlichkeit und **Ent-Täuschungen.**

Chrysopras

Der Chrysopras hilft bei **Herzschmerz und Herzeleid,** wenn wir einen geliebten Menschen verloren haben oder loslassen müssen, in der Sterbebegleitung und Trauerarbeit. Er lässt uns die unermessliche Größe der Liebe erahnen, erneuert und regeneriert bis in das Zellbewusstsein des Körpers hinein.

Dioptas

Der Dioptas öffnet uns der Liebe und dem **Reichtum des Herzens** und fördert Reichtum, Harmonie, Fülle, Glück in unserem Leben, ohne uns davon abhängig werden zu lassen. Er löst uns aus übertriebener Sorge und lässt uns verantwortungsbewusst und voller Freude aus der **Fülle des Lebens** und des täglichen Segens schöpfen.

TIPP: Der Dioptas ist wegen seiner geringen Härte kaum als geschliffener Stein erhältlich, sondern meist auf Muttergestein in kleinen Kristallgrüppchen, die in ihrem wunderschönen smaragdgrün allein schon beim Anschauen ***unser Herz erfreuen.*** *Der Stein fühlt sich wohl an einem Platz, wo wir gerne hinschauen, wo wir ihn oft sehen. Wir können ihn auch zur Meditation in unsere Hände nehmen oder im Herzbereich auflegen.*

Eilatstein

Die Verbindung von Chrysokoll mit Türkis und Malachit löst aus einem zu engen Weltbild und harmonisiert das Bedürfnis nach Weite und Freiheit mit dem Bedürfnis nach Geborgenheit. Stärkt das Herz, besonders, wenn es uns **zu eng wird.**

Epidot (Unakit)

Der Epidot vertieft Beziehungen und Partnerschaften mit **Herzensliebe,** löst aus zu viel Selbstmitleid und Selbstwichtigkeit, belebt brachliegende kreative Potentiale. Er wirkt sehr regenerierend auf körperlicher und psychischer Ebene, ist hilfreich nach Erkrankungen, Operationen, befreit aber auch Blockaden und Hemmungen der Seele und der Gefühlswelt, wenn sie uns nicht mehr *dienen.*

Fluorit (Regenbogen-Fluorit)

Der Regenbogen-Fluorit verbindet oftmals grün und violett, das liebevolle Empfinden, die **Weisheit des Herzens** mit dem intuitiven Wissen, das Fühlen mit dem Denken. Damit hilft er so genannten **Herzensmenschen.** Wissen, Willenskraft und ordnende Struktur stärker zu nutzen und die **Kopfmenschen** lässt er das wissende Gefühl einbeziehen. **Engstirnigkeit** kann sich lösen, neue Perspektiven öffnen sich und es entwickelt sich ein dynamisches Lebensgefühl. Mit dem Fluorit stabilisieren sich

Emotionen. Er fördert die Beweglichkeit der Denkweisen und des Körpers – besonders auch der Gelenke. Er stärkt uns im Loslassen von dem, was wir nicht mehr brauchen und im Zulassen von Neuem sowie in der Entwicklung interessanter Ideen und Perspektiven.
Fluorit ist aber auch ein wichtiger Rohstoff zur Fluorgewinnung für medizinische Produkte und ist durch seinen hohen Mineralgehalt gut für Knochen und Zähne.

*TIPPS: In der **Herzform** wird besonders das Wahrnehmen und Handeln mit Herz und Verstand unterstützt, wobei die **Herzensqualitäten** überwiegen.*
*Bei **steifen Fingern** empfiehlt es sich, einen größeren grünen oder violett-grünen Fluorit häufig in die Hand zu nehmen, ihn zu drücken und zu „kneten". Rohsteine, Kugeln, Herzen, größere Trommelsteine aus Fluorit eignen sich dazu besonders gut.*

*Bei **Kniegelenkproblemen** täglich die Knie mit einem Fluorit sanft massieren.*
*Das Tragen eines **Fluorit-Armbandes** ist sehr hilfreich für die Beweglichkeit der Gelenke – aber auch für Beweglichkeit im Denken, Fühlen und Handeln.*
*Fluorit ist wegen seiner ordnenden Kräfte, die aber nicht zu Erstarrung führen, sondern Flexibilität zulassen und fördern, sehr geeignet, um auf einem **Schreibtisch** zu liegen oder zu stehen. Der violette Fluorit ordnet besonders die Gedanken und Denkweisen, grüner Fluorit die Gefühlswelt. Fluorit mit grün und violett sorgt für die konstruktive Verbindung und Nutzung von Qualitäten im Gefühls- und Denkbereich.*

Heliodor

Der gelbgrüne Beryll vereint Kräfte der Sonne und der Liebe in sich. Der Name stammt aus dem Griechischen und bedeutet *Geschenk der Sonne.*
Der Edelstein öffnet uns der **Herzensfreude** in unserem Dasein, gibt Mut und Stabilität, wenn wir an dem zweifeln, was unser Herz spürt. Lindert und heilt **Herzschmerz,** ermutigt uns, die Liebe stärker in unser Leben hineinwirken zu lassen und sie **weit-**

herzig zu verströmen. Mit erneuernden, erfrischenden Kräften wirkt der Heliodor in unserem Geist, durchdringt einengende und egozentrische Muster und Konzepte, intensiviert unsere Liebe zum Leben und verstärkt den **Mut zu Neuem.**

Heliotrop

Der Heliotrop stärkt die Abwehrkräfte und das Herz, fördert die Durchblutung der Herzkranzgefäße, schützt vor unerwünschten Einflüssen und hilft, sich abzugrenzen. Sein dunkles Grün, das an die stark regenerierende Kraft der Natur erinnert, ist oftmals mit roten punktartigen Einschlüssen aus Eisenoxyd durchdrungen, womit Vitalität und Lebenskraft verstärkt aktiviert werden. Müdigkeit, Lustlosigkeit und Erschöpfungszustände können einem kraftvollen Lebensgefühl weichen. Alles kann sich zur **Sonnenseite des Lebens** wenden und wieder gut werden. Heliotrop ist auch ein starker Begleiter bei (Verlust-)Ängsten, die mit einer Lebenswende verbunden sein können und wenn wir **uns selbst überfordern,** unsere Kräfte und Möglichkeiten überschätzen.

TIPPS: In ***Herzform*** *geschliffen, wird mehr Menschlichkeit, Herzlichkeit und das, was uns* ***am Herzen liegt,*** *unterstützt.*

Bei akuten Infektionen und Entzündungen, zu Beginn einer Erkältung den Heliotrop bei der ***Thymusdrüse*** *direkt auf die Haut legen.*

Der Heliotrop wurde bereits von Hildegard von Bingen sehr geschätzt, weshalb er auch „Hildegard-Jaspis" genannt und in Scheiben geschliffen im Handel angeboten wird. Die ***Heliotrop-Scheibe*** *kann an den verschiedensten schmerzenden Körperstellen aufgelegt, hingehalten, gerieben werden – auch bei Beschwerden im Rücken, Ischiasnerv, rheumatischen Schmerzen.*

Hiddenit

Der Hiddenit unterstützt Ernsthaftigkeit und Aufrichtigkeit in der Liebe, stärkt Hingabefähigkeit und Einfühlungsvermögen – ohne sich zu verbiegen, gibt Beständigkeit und Treue in **Zeiten der Herausforderung,** Würde im Durchleben kritischer Situationen.

Jade/Nephrit

Jade/Nephrit lässt uns mit der wissenden Liebe unseres Herzens den guten Sinn in allem *sehen.* Der Stein mildert so manchen **Herzschmerz** und heilt **Ent-Täuschungen,** löst aus übertriebener Fürsorglichkeit, führt zu innerem Frieden. Jade/Nephrit belebt das Edle, Wahre, Gute und Gütige im Menschen.

Malachit

Der Malachit ist ein Stein der Erneuerung und stärkt das Herz. Er lehrt uns, Projektionen auf andere und Schuldzuweisungen zu lösen und hilft uns, nicht anderen **die Schuld in die Schuhe zu schieben,** sondern selbst die Verantwortung für unser Schicksal, für das, was (in) uns geschieht, zu übernehmen. Dies entlastet andere und noch viel mehr uns selbst, da wir erkennen können, dass wir selbst die Ursache sind für alles, was wir erleben. Der Malachit unterstützt uns aber auch beim (An-)Erkennen der Mit-Schuld, der eigenen Anteile am Geschehen, uns nicht zu verurteilen, sondern aus der Liebe des Herzens uns selbst besser zu verstehen, zu lernen, zu verändern.

Moosachat

Der Moosachat stärkt die **Liebe zur Natur,** lässt Liebe für jedes Geschöpf und ganz besonders für die Pflanzenwelt empfinden. Er sensibilisiert uns für die Anwesenheit und das unermüdliche Wirken der Lichthelfer und Wesenheiten der Natur und ermutigt, mit ihnen zu kommunizieren, sie in unser Leben einzubeziehen und mit ihrer Hilfe viel Erleichterung zu erfahren. Im Körpergeschehen ordnet der Moosachat die Kräfte in den Zellen und Organen, entlastet und regeneriert.

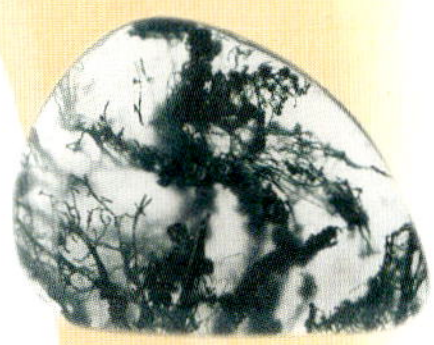

Moldavit

Der Moldavit wirkt stark regenerierend auf den Körper, belebt die Selbstheilungskräfte, beschleunigt jeden Heilungsprozess, ist auch hilfreich bei Belastungen durch Bestrahlungen. Er unterstützt uns, Spannungen im Zusammenleben, in der Interaktion abzubauen, für Harmonie zu sorgen ohne Verdrängung belastender Eindrücke.

TIPP: *Kann auf jede Stelle des Körpers gelegt werden, die belastet ist, die schmerzt. Bei psychischem Herzschmerz,* ***zu Herzen gehenden Gefühlen*** *den Stein aufs Herz legen oder am Herzen tragen.*

Ocean Jasper (Kugel-Rhyolith, Augen-Achat)

Der Ocean Jasper lässt uns ***mit den Augen des Herzens schauen*** – die Weisheit der Liebe siegt über (Ver-)Urteilen und Bewerten, schenkt Gelassenheit und Entlastung. Der Stein wirkt günstig auf die Thymusdrüse, stärkt regenerierende Wachstumsvorgänge – besonders auch gesundes Zellwachstum, ist hilfreich bei Zysten und Tumoren sowie bei Zerstörung der Zellen durch Operation, Bestrahlung oder Chemotherapie.

Peridot/Olivin/Chrysolith

Der Olivin vereint Herzensfreude und Lebensmut, lindert Schuldgefühle – lässt uns die Ursache ertragen, hilft bei Überempfindlichkeit, Selbstmitleid und selbstzerstörerischen Kräften. Er wandelt **Gefühlskälte in Herzenswärme**, macht froh und fröhlich.

Prasem

Der Prasem bestärkt uns in der Einfachheit des Lebens, fördert die Herzensliebe **ohne Wenn und Aber**, dient der Versöhnung und wendet uns der **(All-)Macht der Liebe** zu.

Prehnit

Der Prehnit regt die Selbstfindung an mit der Weisheit und Liebe des Herzens, löst aus Beschönigungen und Verdrängungen und unterstützt uns dabei, die Realität anzuschauen; **bei einem zu weichen Herzen** bewahrt er uns vor radikaler Abgrenzung und Abwendung und hilft, sich nicht ausnutzen zu lassen.

Rhyolith

Der Rhyolith bewirkt mehr Verständnis füreinander und Toleranz, wirkt ausgleichend in der Gefühlswelt – besonders auch im Zusammenleben und Zusammenarbeiten. Er intensiviert erneuernde Kräfte, stärkt **die Abwehrkräfte** und die Regeneration gesunder Körperzellen, lindert Grippe und Erkältungen sowie Infektionen.

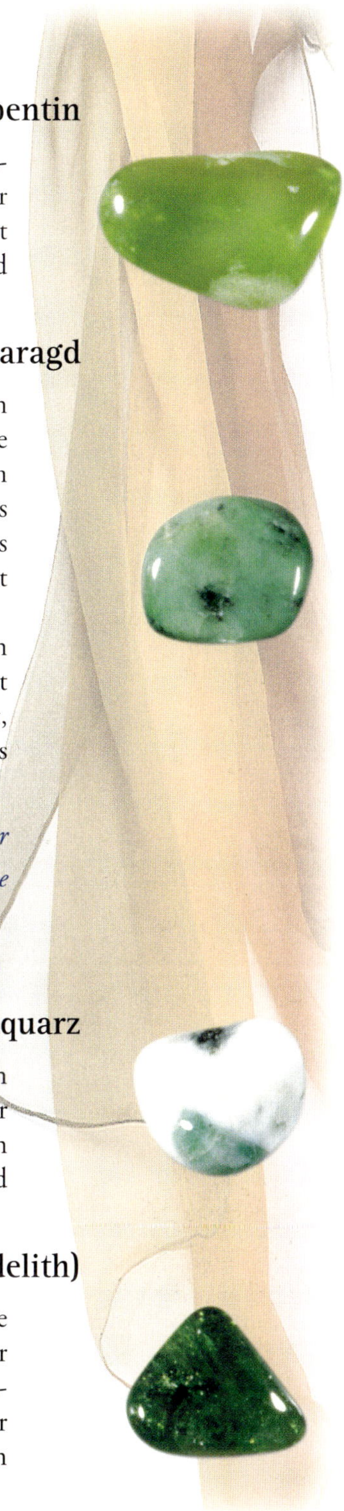

Serpentin

Der Serpentin lindert Gefühlsschwankungen und den **Herzschmerz aus Ent-Täuschungen** und verletzten Gefühlen. Er sorgt für inneres Gleichgewicht, Ruhe und Zufriedenheit, fördert Kompromissbereitschaft, friedliche Auseinandersetzungen und Lösungsfindung.

Smaragd

Der Smaragd fördert das Bewusstsein, dass wir mit der gesamten Schöpfung – der sichtbaren und der unsichtbaren – in Liebe verbunden sind, lässt uns Mit-Verantwortung für alles Leben und All-Liebe empfinden und im Alltag anwenden. Er hilft uns Schwächen zu überwinden und mit Liebe hinzuschauen, um das zu integrieren, wo wir am liebsten wegschauen würden. Dies hat auch eine heilsame Wirkung für die Augen.
Mit dem Smaragd kommt die **Schönheit der Herzensliebe** in unser Leben. Sie wirkt als **Lebenselixier** in unsere Gesundheit und Lebensweise hinein, regeneriert, vitalisiert und versöhnt, fördert Begabungen und Entwicklungen, die ein sinnerfülltes Leben ermöglichen.

TIPPS: Bei Augenleiden je einen Smaragd in den Augenwinkel der geschlossenen Augen legen oder Smaragd in Wasser legen und die Augen häufig mit Smaragdwasser betupfen.
Smaragd in Hautcreme legen – fördert die Schönheit im Aussehen.

Smaragdquarz

Smaragdquarz sorgt für Klarheit, reine Motive und Absichten in der Liebe, stärkt uns im Durchleben von Krisen mit der **Erfahrung der allmächtigen Liebe,** die auch in schwierigsten Lebensphasen wirksam ist, **noch Schlimmeres verhindert** und notwendige Veränderungen deutlich werden lässt.

Turmalin grün (Verdelith)

Der grüne Turmalin stärkt und stabilisiert körperliche Kräfte und die **Liebe in allen Lebenslagen** – besonders auch, wenn wir meinen, es geht nicht weiter, wir befänden uns in einer Sackgasse. Er bringt die Lösung in Form eines Durchbruchs (in) der Liebe und führt heraus aus Mangelerscheinungen und eigenen Schwächen.

Wassermelonen-Turmalin

Der Wassermelonen-Turmalin vereint mit seinen Farben Grün und Rosa die gesamte Empfindungswelt der **Herzensliebe.** Er hilft uns dabei, uns selbst und den Nächsten zu lieben, Verständnis für uns selbst und den/die anderen zu entwickeln. Er gibt Geborgenheit in der Liebe, was zum Abbau vieler Ängste beiträgt, fördert das Mitgefühl, löst aber zugleich (Selbst-)Mitleid auf. **Die Welt mit den Augen der Liebe sehen.**
Der Wassermelonen-Turmalin ist hilfreich bei Lähmungserscheinungen und wenn wir meinen, dass es nicht weitergeht.

Praktische Anwendung

Grüne Edelsteine können direkt wirksam werden, wenn sie am Herzen getragen werden – beispielsweise in einer Hemdtasche, im BH, als Halskette oder einzelner Stein an einer Kette zum Herzen hin. In einer Kette nah am Hals wirkt das Liebevolle, Regenerierende und Stärkende zudem hinein in die Kommunikation, entlastend aber auch in Ängste, **Beklemmungen und Belastungen im Brustraum, Hals-, Nacken- und Schulterbereich.**
Als Armband oder Ring wirkt die Herzensliebe und erneuernde Kraft in unseren Handlungen.
In der Hosentasche getragen, finden die Kräfte der grünen Steine ihren Weg über das erste Energiezentrum, das Basiszentrum und über die von dort ausgehenden Energiebahnen zum Herzen. Sie wirken über die **Antriebskräfte und Lebensmotivationen,** die sie regenerierend beleben, in die Vorgänge des Herzens hinein.
Unter dem Kopfkissen liegend, fördern sie einen erquickenden, erholsamen Schlaf. Wie nach einem langen Waldspaziergang lösen uns grüne Edelsteine aus unruhigen, belastenden Gedanken.

Rosafarbene Edelsteine

Rosa nährt in uns die Nächstenliebe, das Mitgefühl, die bedingungslose Liebe mit der wir **über uns hinauswachsen** und persönliche Bedürfnisse zugunsten anderer zurückstellen, **zum Wohle der Gemeinschaft** verzichten. Wir lernen den wohltuenden Umgang mit Trost und Hilfsbereitschaft, überhaupt mit Gefühlen des Herzens, und wir werden sensibler für seelische Bedürfnisse, die wir zurückgestellt haben, in der Hoffnung *geliebt* zu werden. Die rosafarbene Schwingung hilft uns bei Liebeskummer, verletzenden Auseinandersetzungen und Missverständnissen, **wieder zur Liebe zu finden.** Rosa **wärmt unser Herz,** löst aus Gefühlskälte, Überempfindlichkeit und Selbstwichtigkeit, fördert Sanftmut, die Bereitschaft und Fähigkeit, aus dem Leben zu lernen, sich selbst und andere besser zu verstehen, Frieden zu schließen und sich zu versöhnen – auch mit dem eigenen Schicksal.

Rosafarbene Edelsteine wirken mehr in die Gefühlswelt des Herzens hinein und ermöglichen oftmals eine Lösung im Herzschmerz, indem Verstehen und Verzeihen möglich wird.

Andenopal pink

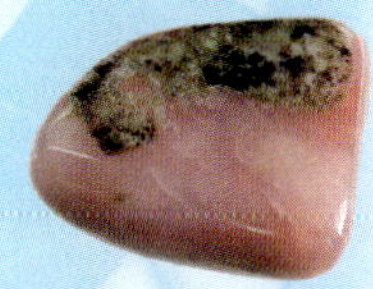

Dieser Andenopal sensibilisiert uns für Nächstenliebe und Mitgefühl, löst aus dem Schmerz, sich nicht richtig verstanden und angenommen zu fühlen, stärkt **Herzlichkeit** und Ausdauer.

Botswana-Achat pink

Der pinkfarbene Botswana-Achat beruhigt das Herz, lässt uns Geborgenheit spüren und stärkt unser Einfühlungsvermögen und Mitgefühl – ohne dass wir uns ausnutzen lassen. Er gibt Trost bei **Herzschmerz und Herzeleid,** schützt zarte Gefühle und Empfindungen. Er ist **Glücksbringer** für Liebende und **Schutzstein** für Kinder.

Kunzit

Der Kunzit verbindet die Intuition mit der bedingungslosen Herzensliebe und lässt daraus die für schöpferische Eingebungen und Entwicklungen erforderliche Hingabefähigkeit wachsen. Er fördert Verständnis und Einsicht für die eigene Erkrankung und Kränkung, für die **krankmachende Wirkung** von Schuldgefühlen und die Erlösung durch erbetene Gnade von oben. Löst aus übertriebenem Egoismus und Selbstwichtigkeit und lehrt uns, der Schöpfung zu dienen.

Mangano Calcit

Der Mangano Calcit verbindet sich mit unserer Hilfsbereitschaft, stabilisiert uns aber gleichzeitig, wenn wir dazu neigen ein zu **weiches Herz** zu haben, zu **nachgiebig** sind, und **in Mitleid** oder **Selbstmitleid zerfließen.** Löst aus belastenden Bindungen und aus zu viel Erwartungen an uns selbst und andere sowie den daraus entstehenden Enttäuschungen.

Morganit

Der rosa Beryll führt uns in unsere Potentiale der bedingungslosen Liebe, lehrt uns mit Freude zu teilen und aus Liebe, Mitgefühl und Selbstverständnis zu geben. Er fördert innere Sicherheit, die aus dem Gefühl kommt, geliebt zu werden, und vereint **Zielstrebigkeit mit Herzensliebe.**

Rhodochrosit

Der Rhodochrosit stärkt eine Lebensführung und Bewusstseinsentwicklung mit bedingungsloser Liebe und Dankbarkeit. Mit der **Liebe des Herzens** betrachtet, hat alles in unserem Leben einen guten Sinn, auch wenn wir diesen nicht immer gleich erkennen. Nehmen wir dankbar an, was uns das Leben, der heutige Tag bringt, anerkennen und würdigen wir die Liebe des Schöpfers darin. Wir vergeuden keine Kraft mit Jammern, Klagen, Selbstmitleid, sondern öffnen ein großes Tor für jegliche göttliche Hilfe, die für uns wirksam werden möchte.

Rhodonit

Der Rhodonit ist hilfreich bei Wundheilungen, beschleunigt aber auch den Heilungsprozess **innerer Verletzungen** und ist wirksam bei Schockerlebnissen und Traumatisierungen. Mit der Integration der bedingungslosen Liebe im Alltag stärkt er uns, **Schattensei-**

ten und Schwächen zu erkennen und uns selbst und anderen zu verzeihen. Er hilft dem Verstand, Gefühle und Empfindungen des Herzens besser zu verstehen sowie **Kränkungen** heilen zu lassen, statt sich hineinzusteigern und sie zu verschlimmern.

Rosa Chalcedon (Rosenchalcedon)

Der rosane Chalcedon fördert die **Kommunikation mit Herz** und lässt uns die Stimmung kreieren und Worte finden, die das ausdrücken, **was uns am Herzen liegt.** Er fördert aber auch das Zuhören und das Verständnis für Probleme und Sorgen anderer sowie eine selbstverständliche Hilfsbereitschaft.

Rosenquarz

Rosenquarz wirkt mit seiner lieblichen, feinen Ausstrahlung in die mitfühlende, verständnisvolle Liebe unseres Herzens hinein und lässt mit seiner Sanftheit selbst stärkste **Widerstände dahinschmelzen.** Schon seit Jahrhunderten gilt der Rosenquarz als Stein für **Herzensangelegenheiten.** Er wurde sowohl zur Heilung von körperlichen **Herzbeschwerden** eingesetzt wie auch für Frauenleiden und als Fruchtbarkeitsstein.

Er stärkt das Einfühlungsvermögen und Mitgefühl, hilft uns sehr, über persönliches Wollen hinauszuwachsen und **überpersönliche Liebe,** das heißt Nächstenliebe, zu entfalten. Sich selbst und andere besser verstehen lernen, führt zu mehr Harmonie im Leben und gibt Begegnungen eine neue Chance. Schmerzhafte Gefühle, die oftmals gerade durch uns sehr nahe stehende Menschen ausgelöst wurden, tiefgehende Verletzungen, die durch nicht erfüllte Erwartungen, Ent-Täuschungen sowie Schuldzuweisungen entstanden sind, können zu **Verhärtungen der Gefühle** führen – aber auch zur Verhärtung, Versteifung von Knochen und Gelenken. Die sanfte und liebevolle Wirkung des Rosenquarzes bringt oftmals eine wohltuende Lösung.

Eine Rarität ist der *Sternrosenquarz*, der durch die Einlagerung kleiner Rutilnadeln entsteht. Durch einen abrundenden Schliff wird auf Trommelsteinen, Kugeln, Herzen, Cabochons ein Lichtstern sichtbar. Mit dem Stern kommen Lichtkräfte zusammen, die sich für uns verbinden und gemeinsam mit ihrer großen Liebe und Sanftheit hineinwirken in unsere mitfühlende **Herzensliebe** und in die Erlösung von tief empfundenen **Kränkungen.** Sie fördern sehr die Heilung durch Verstehen und Verzeihen, durch die Entfaltung **innerer Größe** und Güte.

TIPPS: Wird der Rosenquarz als einzelner Stein oder als Kette am Hals getragen oder zum Herzen hin, geht seine Wirkung direkt zum Herz. Hier kann er Blockaden und Verhärtungen besonders gut lösen, mit der Herzensliebe verschmelzen und in das hineinfließen, was uns **am Herzen liegt.** Eine **Rosenquarzkette** wirkt auch entlastend in das hinein, was uns bedrohlich im Nacken sitzt und zu Nackenverspannungen führt sowie in Schuldgefühle, die **auf unseren Schultern lasten** und **auf unsere Stimmung drücken.**

Das **Rosenquarz-Herz** kann in ganz besonderer Weise Herzschmerz lösen, für Verstehen und Verzeihen sorgen und die große Kraft der Liebe spürbar werden lassen. Es ist ein **Symbol der Liebe,** verbindet Liebende und, schmilzt Ent-Täuschungen hinweg.

Rosenquarz-Herzen, -Kugeln, -Trommelsteine (Handschmeichler) sind sehr geeignet für **Massagen** an Knien mit rheumatischen Schmerzen sowie bei eingeschränkter Beweglichkeit der Hände, Finger – dazu den Rosenquarz in die Hand nehmen und immer wieder „kneten". Die Sanftheit des Rosenquarzes lässt **Härte uns selbst gegenüber** hinwegschmelzen, was eine günstige Wirkung auf Knie- und Fingergelenkschmerzen hat.

Aber auch eine sanfte Wirbelsäulen-, Rücken-, Schulter-, Nacken-Massage mit Rosenquarz löst Härte, die sich im Rücken manifestiert und zu Verformungen, Verhärtungen, Verspannungen geführt hat. Dabei wird auch das mit Mitgefühl, Sanftheit, Liebe, Hingabe berührbar, was wir gerne **vor uns selbst und anderen verstecken,** was wir nicht anschauen, nicht von uns zeigen möchten – was sich nicht nur im Rücken, sondern auch in unseren Gefühlen und Denkweisen verfestigt hat und **erstarrt** ist und sehr schmerzt.

Mit Rosenquarz können wir auch die Reflexzonen an den Fußsohlen, Handinnenflächen und im Gesicht massieren. Sanftheit, Verständnis, Mitgefühl, Liebe, Verzeihen strömt über die Energiebahnen zu betroffenen Organen, Gefühlspotentialen und Gedanken und wirkt tiefgehend. Über die Fußsohlen erreichen wir besonders körperliche Vorgänge, über die Hände seelisch-emotionale und über das Gesicht geistig-gedankliche Eindrücke.

*Als **Armband** wirkt die liebevolle Schwingung des Rosenquarzes in unsere Handlungen hinein, so dass sich eventuelle Hindernisse oder Störungen auf sanfte Weise lösen können.*

*Generell ist die stark harmonisierende Wirkung des Rosenquarzes entstörend. So ist er inzwischen nicht nur bei Edelsteinfreunden bekannt als ein Stein, der **belastende Erdstrahlen** sowie Schwingungen, die von Fernseh- und Computer-Bildschirmen ausgehen, entstört und bei Belastungen durch Elektrosmog hilfreich ist.*

Dazu werden am besten Rohsteine verwendet. Zur Harmonisierung bei Bildschirmausstrahlungen genügt ein Rosenquarz in Faustgröße, am besten vor oder neben dem Bildschirm platziert.

***Lampen, Brunnen, Teelichter** aus Rosenquarz verströmen im Wohn- und Arbeitsbereich ein sanftes Licht, das eine wohltuende Raumatmosphäre entstehen lässt und das Zusammensein harmonisiert. Auseinandersetzungen, Streitereien, Meinungsverschiedenheiten können eine konstruktive Richtung nehmen und zu guten Lösungen führen.*

*Rosenquarz eignet sich auch zur **Energetisierung des Trinkwassers.** Seine liebliche, harmonisierende Energie hat eine ausgleichende Wirkung auf Körper, Seele und Geist, löst aus zu viel (An-)Spannung und Verspannung. Etwas Besonders ist auch die Energetisierung des Badewasser und des Gesichtswassers mit Rosenquarzen, was entspannend und wohltuend wirkt.*

*Rosenquarz in der Nähe des Schlafplatzes oder unter dem Kopfkissen verhilft zu einem entlasteten **Schlaf**, der aus zu viel Anspannung und Verspannung, aber auch aus zu viel Wollen und Eigenwillen löst. Mitgefühl, Hingabefähigkeit und tiefempfindende Liebe werden angeregt.*

Rosenquarz sollte nicht regelmäßig in der Sonne liegen, da er ausbleichen kann.

Turmalin rosa (Rubellit)

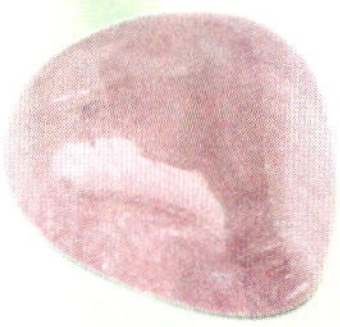

Rubellit kommt aus dem Lateinischen und bedeutet *rötlich.* Es ist die Bezeichnung für den Turmalin in Farbtönen von rosa bis rot, manchmal mit einem Hauch ins Violett gehend. Es ist ein Edelstein mit dem **Feuer der großen Herzensliebe,** der **Befreiung aus Leid und Leidenschaft,** der Intensivierung des **Über-sich-Hinauswachsens** bis hin zur Erleuchtung.

Bei verletzten Gefühlen bringt er einen Durchbruch zu Offenheit und Kontaktfähigkeit. Er löst aus rücksichtslosen Verhaltensweisen (auch sich selbst gegenüber), aus Hemmungen und aus der Angst, die **Kontrolle zu verlieren.** Er hilft aus der Ausweglosigkeit der Ablehnung heraus, verstärkt natürliche Anmut und die **Schönheit der Herzensliebe.**

Praktische Anwendung

Rosafarbene Edelsteine können ihre feine Kraft, Mitgefühl, Nächstenliebe, Verstehen und Verzeihen, Liebe, Schönheit und Harmonie direkt in uns verströmen und wirken lassen, wenn wir sie in Herzensnähe tragen

Am Hals als Kette oder einzelner Stein unterstützen sie das Mitgefühl in der Ausdrucksweise, fördern die Harmonie in Gesprächen und Aussprachen, wirken entspannend auf Nacken und Schultern.

In der Hosentasche getragen, verbindet sich das Rosa mit dem Rot des Basiszentrums und bringt Sanftheit, Harmonie und liebendes Empfinden in die stärkenden Antriebskräfte und Lebensmotivationen. Über Energiebahnen dieses Zentrums gelangen die Kräfte der rosafarbenen Steine dann auch zum Herzen und zur Gefühlswelt, die mit dem Herzen verbunden ist.

Als Armband und als Ring getragen, fließt Sanftheit, Mitgefühl, Liebe, Harmonie in unsere alltäglichen Handlungen.

Unter dem Kopfkissen entspannen und harmonisieren uns die rosafarbenen Edelsteine während des Schlafs, fördern den Frieden in uns, lassen uns spüren, dass wir geliebt werden.

Weiße Edelsteine

In unserem Herzzentrum brennt die reine **Flamme der ewigen Liebe,** der göttlichen Liebe, der Christuskraft, die im Bergkristall auf besondere Weise manifestiert ist. Sein Name kommt vom griechischen *kristallos,* dem *ewig gefrorenen Eis,* womit bereits zum Ausdruck gebracht wird, dass er energetisch mit etwas Ewigem, Unzerstörbarem, Reinen verbunden ist.

Andere weiße Edelsteine und der Diamant verkörpern ebenfalls die Qualität des Reinen, der reinen Liebe und Weisheit, helfen, **mit sich selbstn ins Reine zu kommen.**

Mit dieser reinen Liebe sind auch unsere Hände in Kontakt, sie sind sozusagen **verlängerte Arme unseres Herzens,** die aus der Kraft unserer Herzensliebe *Hand*lungen ausführen, be-*hand*eln, berühren. Wir können mit den Händen **etwas aus dem Ärmel schütteln** oder **mit links machen.** In der Mitte der Handinnenflächen ist ein Energiezentrum, das reines Licht ausstrahlt, das unsere Hände zu heilenden Händen werden lassen kann.

Bergkristalle und weiße Edelsteine stärken die Weisheit der Liebe in Absichten und Handlungen, unterstützen uns, reinen Herzens zu sein und mit sich selbst ins Reine zu kommen.

Achat weiß (Friedensachat)

Der weiße Achat bestärkt uns, der **Weisheit des Herzens** zu folgen und *weise* mit der Vielfalt und Fülle des Lebens umzugehen. Er beschützt uns davor, **eine (große) Dummheit zu begehen,** löst innere Spannungen, die aus Schuldgefühlen kommen oder aus dem Gefühl, unrecht gehandelt, geurteilt zu haben oder ungerecht behandelt worden zu sein und führt zu einer friedliebenden und friedlichen Lebenseinstellung.

Bergkristall

Im Bergkristall begegnen wir der Manifestation des reinen Lichtes, einer Urkraft der göttlichen Schöpfung mit der sich unsere Seelenkräfte verbunden fühlen, wonach wir uns innerlich sehnen. Mit seiner Klarheit und Reinheit wirkt er reinigend und ordnend in die körperlichen Abläufe hinein, aber auch in seelisch-geistige Vorgänge, in Gefühlswelten und Denkweisen. Er sorgt für mehr

Einfachheit und Ausgeglichenheit in unserem Leben sowie für **klare Verhältnisse** in unserem Alltag. Der Bergkristall gibt uns viele Möglichkeiten, seine in ihm verborgenen lichten Kräfte zu nutzen.

TIPPS: Es tut uns schon gut, wenn wir uns aus der Vielseitigkeit, Hektik und Anspannung täglich für ein paar Minuten zurückziehen und innere Einkehr halten, indem wir uns mit einem ***Bergkristall in der Hand*** *zurücklehnen, still werden, in uns selbst ruhen.*

Tiefgehendere Wirkungen können geschehen, wenn wir regelmäßig einen oder mehrere ***Bergkristalle auf den Körper legen,*** *wo wir Belastungen, Störungen, Schmerzen spüren oder auf die sieben Hauptenergiezentren. Dafür ist ein Ausruhen von mindestens fünfzehn bis zwanzig Minuten erforderlich. Die entspannende, reinigende und ordnende Kraft des Bergkristalls hilft, dass die im Energiesystem disharmonisch und damit belastend ablaufenden Vorgänge, wieder zur Harmonie und Stärkung der Selbstheilungskräfte finden.*

Eine ***Bergkristall-Spitze*** *sorgt für klare Ausrichtung und Ordnung der Kräfte in unserem Organismus und in unserem Leben, stärkt Einfachheit und Zielgerichtetheit. Die* ***Bergkristall-Gruppe*** *unterstützt Klarheit und Toleranz in der Gemeinschaft, im Zusammenleben und Zusammenarbeiten. Als* ***Trommelstein*** *geschliffen, hilft der Bergkristall* ***klare Verhältnisse*** *in Beziehungen, Partnerschaften,* ***alltägliche Reibereien*** *zu bringen. In* ***Pyramidenform*** *verbindet er Geist und Materie, werden göttliche Lichtkräfte im irdischen Leben manifestiert und die Selbst-Verwirklichung intensiviert. Der* ***Obelisk*** *ist ein Wächter wie ein* ***Leuchtturm in der Dunkelheit,*** *in Gefahr und Not,* ***wie ein Fels in der Brandung,*** *stabilisiert das Vertrauen und die Stärke göttlicher Gegenwart und Hilfe.*

Das ***Bergkristall-Ei*** *unterstützt neue Erkenntnisse und deren schöpferische Umsetzung; die* ***Kugel*** *rundet ab, führt aus Einseitigkeiten zur Mitte und zum Wesentlichen, stärkt die Wahrnehmung und Erfahrung, dass wir alle aus dem einen Licht kommen, darin eins sind.*

Die ***Herzform*** *intensiviert die* ***reine Herzensliebe*** *füreinander.*

Mit einer kleineren Bergkristall-Kugel, einem handlichen Bergkristall-Herz oder -Trommelstein können wir ***Massagen*** *geben, mit denen* *sich die reinigende, klärende und ordnende Wirkung des Bergkristalls in unserem Energiesystem verstärkt. Massagen im Gesicht sorgen für Klarheit in Gedanken und Vorstellungen; Hand-Massagen klären Gefühle und Handlungsweisen; Fuß-Massagen bringen* ***Licht in den dunklen Alltag.*** *Intuitive Organ-Massagen mit dem Bergkristall ermöglichen eine liebende und lichtvolle innere Kommunikation mit dem Organ- und Zellbewusstsein, mit der erkennbar werden kann, warum das Organ leidet und was es zur Heilung braucht. Gleichzeitig wirkt der Bergkristall mit seinen Schwingungen reinigend und stärkend auf das Organ.*

Bergkristall-Kugel-Ketten *wirken sehr beruhigend und zentrierend. Sie helfen uns, aus Extremen herauszukommen, wirken ausgleichend bei Schilddrüsenüberfunktion. Besonders die* ***Bergkristall-Splitterketten*** *stärken die Antriebs- und Abwehrkräfte und das Immunsystem mit den ständigen Lichtimpulsen, die beim Tragen oder Auflegen der Kette an das menschliche Energiesystem weitergegeben werden. Sie wirken auch anregend bei Schilddrüsenunterfunktion.*

Über ***Bergkristall-Armbänder*** *wird Energie aufgenommen, die ganz besonders der* ***Handlungsweise*** *eine klare Ausrichtung gibt.*

Mit ***Bergkristall-Herzen*** *achten wir mehr auf die* ***Weisheit des Herzens*** *und erhalten Impulse,* ***reinen Herzens*** *zu sein. Wir erinnern uns – bewusst oder unbewusst – an die* ***Flamme der ewigen Liebe*** *in unserem Herzen, an das Verbundensein mit dem ewig Göttlichen und unsere Sehnsucht danach.*

Mit einem ***größeren Bergkristall,*** *beispielsweise einer Gruppe oder einer aufrecht stehenden Spitze, die auf einem Schreibtisch oder an einem Platz steht, wo die Familie oder ein Arbeitsteam zusammenkommt, oder wo der Stein von allen im Raum gesehen wird, geht eine Ausstrahlung der Klarheit und Zielgerichtetheit auf alle Personen über, die sich dort aufhalten. Damit sorgt der Bergkristall für gegenseitige Toleranz und für* ***klare Verhältnisse.***

Lampen aus Bergkristall *verstärken die Lichtwirkung des Bergkristalls in der Raumatmosphäre und sorgen dafür, dass* ***unsere Aufmerksamkeit immer wieder zum Licht geht.*** *Wenn unser Blick auch nur*

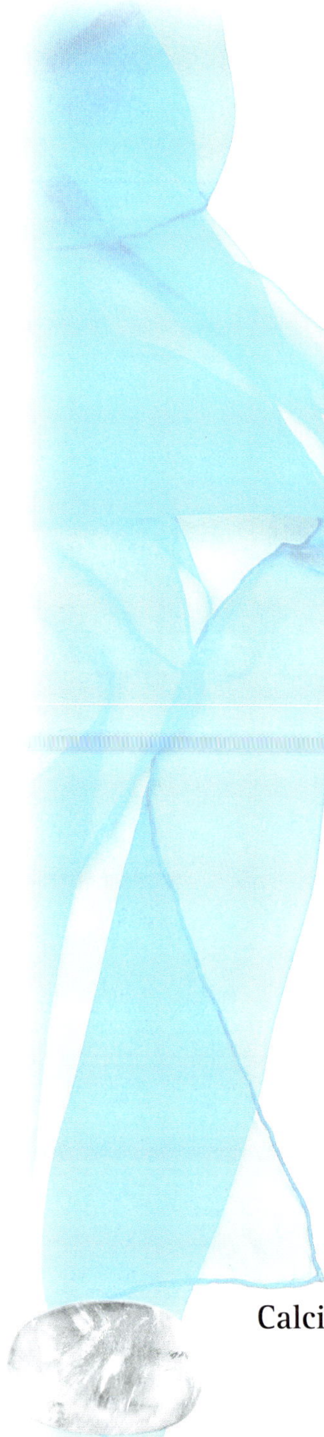

für Momente auf dem nun auch optisch leuchtenden Bergkristall ruht, nehmen wir über unsere Augen ganz natürlich dieses warme, reine Licht auf, das unsere Seelenkräfte stärkt.
Ein ***Bergkristall-Brunnen*** *verströmt in besonderer Weise seine einfache, klare, leuchtende Schönheit in einem Raum. In Verbindung mit dem lebendig sprudelnden Wasser weckt er in uns Assoziationen an die* ***Quelle des Lebens und des Lichtes,*** *woraus wir sehr viel erfrischende und erneuernde Kraft schöpfen können.*
Der Bergkristall kann auch für eine ***Energetisierung des Trinkwassers*** *genutzt werden. Dazu werden am besten eine Handvoll Rohsteine über Nacht in eine Kanne mit Wasser gelegt, das danach getrunken werden kann. Das Wasser erhält wieder eine geordnete Struktur und nimmt die Qualitäten des Bergkristalls als Information auf, die sich in uns entfalten kann. Entlastung, Reinigung und Harmonisierung im Körpergeschehen werden angeregt, was sich bis in die Gefühlsebenen ausweiten und zu klaren Gedanken, reinen Absichten beiträgt.*
Kleine geschliffene Bergkristalle in ***Kosmetikprodukte*** *hineingelegt, verströmen ihre reinigende, klärende Kraft darin, so dass dies über die Haut einwirken kann.*
Wenn wir mit einem Bergkristall in der Nähe des Schlafplatzes oder unter dem Kopfkissen ausruhen oder schlafen, kann er uns von belastenden Eindrücken des Tages lösen und einen erholsamen ***Schlaf*** *ermöglichen. Oftmals werden uns in einem solchen Schlaf auch Zusammenhänge klarer, zeigen sich wertvolle Erkenntnisse.*

(Siehe auch im Buch ***Lichtengel und Kristallwelten*** *von Ursula Klinger-Omenka unter* ***Hüter der geistigen Gesetze – Engel des Bergkristalls.****)*

Calcit weiß

Der weiße Calcit hilft uns bei einem gestörten Verhältnis zur **Herzensweisheit,** bei der Überwindung egozentrischer Motive in der Liebe, bei der Auflösung von Blockaden, die durch Liebesentzug entstehen konnten. Er stärkt uns, wenn wir an uns selbst zweifeln.

Diamant

Der Diamant verkörpert Reinheit und **allmächtige Weisheit**, lässt uns reine Liebe erkennen und entfalten, löst aus **liebgewonnenen Abhängigkeiten**.

Dolomit weiß

Der weiße Dolomit sorgt für mehr seelische Stabilität – besonders bei **Gefühlsschwankungen**, stärkt die innere Zufriedenheit und Dankbarkeit.

Girasol

Die fast farblos schimmernde Verwachsung von Opal und Quarz **mildert die Strenge** in unserem Leben, wirkt beruhigend auf das **erhitzte Gemüt** und wenn wir aufgewühlt sind. Er verbindet Klarheit mit Frieden.

Magnesit

Magnesit wirkt günstig auf Magnesium- und Fettstoffwechsel, entspannend und entkrampfend – auch bei Migräne und Kopfschmerz; er fördert die Gelassenheit – besonders wenn im **Gefühlsrausch** Welten in uns zusammenbrechen.

TIPP: Als Kette getragen, gleicht Magnesit Gefühlsschwankungen aus, als Armband wirkt er besonders über die Energiezentren der Hände auf körperliche Vorgänge. In Herzform intensiviert er die Weisheit des Herzens.

Milchopal

Der Milchopal löst aus Schwermut, bringt Leichtigkeit, stärkt die Weisheit des Herzens, lässt den eigenen Wert erkennen und **weise handeln.** Er hilft bei den hormonellen Veränderungen der Wechseljahre und lässt uns die Weisheit der Lebenserfahrung in dieser großen Wandlungsphase nutzen.

Milchquarz

Der Milchquarz lehrt uns, behutsam mit Schwäche umzugehen, aus zu viel Grübeln zu lösen und **nachsichtiger** zu sein – auch mit uns selbst.

Mondstein

Mit seinem feinen hellen Schimmer, der oft erst durch die Bewegung des Steines sichtbar wird, bestärkt uns der Mondstein, **intuitiv das Richtige zu tun.** Eine geheimnisvolle Faszination und anmutige Beweglichkeit gehen von diesem Stein aus, der ganz besonders die weibliche Seite im Menschen anregt und das wissende Gefühl unterstützt. Mondstein baut emotionale Spannungen sowie Ängste vor Neuem, Unbekanntem ab.

Er hilft jungen Mädchen in der Pubertät, ihre Weiblichkeit zu entfalten, Hemmungen im Ausdruck ihres **Frauseins** abzubauen. Knabenhaft und burschikos wirkende Frauen kommen über ihn stärker mit ihrer Weiblichkeit in Kontakt. Sehr hilfreich ist der Mondstein auch bei Essstörungen, mit denen Mädchen und Frauen versuchen, weibliche Körperformen möglichst nicht entstehen zu lassen.

TIPPS: Mondstein kommt in mehreren Farben vor – milchigweiß, zartgelb, rosa bis rötlich, durchscheinend farblos, bräunlich, grauschimmernd – mit dem typisch wogenden Lichtschimmer. Besonders begehrt ist der farblose Mondstein mit blauem Lichteffekt.

Je nach Farbe stärkt der Mondstein das intuitive Empfinden ganz besonders in einem bestimmten Bereich: ***milchigweiß*** *– die intuitive Herzensweisheit;* ***zartgelb*** *– das tiefinnere Selbstwertgefühl;* ***rosa*** *– die verstehende Herzensliebe;* ***rötlich*** *– die stimmige Motivation; durchscheinend* ***farblos, meist mit blauem Schimmer*** *– milde Ausdruckskraft, weibliche Intuition;* ***bräunlich*** *– richtiges Empfinden umsetzen in die Verwirklichung;* ***grauschimmernd*** *– sich faszinieren lassen von Unbekanntem, Unerforschtem.*

Phantomquarz

Dieser Bergkristall hat während Jahrmillionen mehrere Wachstumsimpulse und -stufen erlebt, die im Stein sichtbar geblieben sind. Er ist ein hilfreicher Begleiter, wenn wir meinen, **es geht nicht mehr weiter** oder wenn wir uns **in zu viel Sicherheit wiegen** und Wachstumsprozesse nicht mehr erkennen oder nicht mehr zulassen möchten. Zudem bestärkt er uns darin, vermeintliche persönliche Grenzen und **unseren Horizont zu erweitern** und **über uns hinauszuwachsen.**

Selenit

Ein Selenit schimmert wie Seide, strahlt Reinheit aus, hilft **mit sich selbst ins Reine zu kommen** und lässt uns das Verbundensein mit der Schöpfung spüren. Selenit gibt Struktur im Denken und in den Vorstellungskräften und regt assoziative, bildhafte, kreativ-schöpferische Seelenkräfte an. Er hilft sensiblen Menschen sich besser abzugrenzen, Konflikten nicht aus dem Weg zu gehen, sondern **sich ein Herz zu fassen,** um **die Sache zu bereinigen.** Er verstärkt die reine Liebe des Herzens damit Kränkungen leichter werden und sich lösen können. Empfindsame Menschen, die **sich ihrer Haut nicht wehren können** und deswegen einen schwergewichtigen Panzer um sich herum geschaffen haben, erhalten vom Selenit Unterstützung, ihr Übergewicht abzubauen.
Durchsichtiger Selenit, der zu großen Tafeln kristallisiert ist, wird auch als Marienglas bezeichnet; früher wurden Marienbilder damit geschützt.

TIPPS: Große Selenit-Stücke sind sehr dekorativ für Wohn- und Arbeitsräume, regen Struktur und Kreativität an, berühren Seelenbilder mit der ***Architektur des Schöpfers.*** *In Verbindung mit einer Lichtquelle – als Teelicht, Lampe, Brunnen – verströmt sich ein reines helles Licht, das uns ganz von selbst an göttliche Reinheit und Schönheit erinnert, unser Verbundensein damit bewusst werden lässt, uns tröstet und stärkt.*

Praktische Anwendung

Bergkristalle können überall getragen, aufgelegt, aufgestellt werden, um ihre Kraft wirksam werden zu lassen. Weiße Edelsteine wirken sehr intensiv im Bereich des Herzens und in den Händen. In Herzensnähe verbinden sie sich mit der reinen Herzensliebe und der Weisheit des Herzens und helfen uns, diese stärker zu spüren und zu leben. In den Händen gehalten oder als Armband am Handgelenk getragen, sorgen sie dafür, dass Weisheit in Handlungen umgesetzt werden kann. Wird ein weißer Edelstein in der Hosentasche getragen, bringt er weise Impulse, Vernunft in die Antriebskräfte und Lebensmotivationen.
Unter dem Kopfkissen liegend während des Schlafs erhält die Weisheit des Herzens ein starkes Gegengewicht zum Wollen des Verstandes. Dies wirkt reinigend und entlastend im Gemüt und löst aus zu viel sorgenvollen Gedanken.

Fünftes Energiezentrum

Hellblaue Edelsteine

für Hals, Nacken und Schultern, Atemwege und Brustraum sowie für die Kommunikation, die Entlastung von zu viel Druck und von Schuldgefühlen

Auf unseren Schultern lasten oftmals **Schulden, Schuldgefühle, erdrückende Verantwortung,** was zu schmerzenden Verspannungen und Verformungen führen kann. Wenn uns **etwas im Nacken sitzt, uns (fast) das Genick bricht,** dann wird dies als bedrohlich empfunden, ebenso das, was uns den **Atem stocken lässt** oder **die Kehle zuschnürt.** Dies kann zu dramatischen Engegefühlen im Brustraum führen bis hin zu massiven Belastungen der Atemwegsorgane mit lebensbedrohlicher Atemnot, so dass der Erkrankte **um Luft ringt.**

Große göttliche Potentiale und Kräfte erscheinen uns im himmlischen Blau – so auch Erzengel Michael mit seinem Lichtschwert und Maria, die Muttergottes mit ihrem blauen Schutzmantel.

Wenn Ärger, Zorn, Hilflosigkeit immer wieder **hinuntergeschluckt** werden, bleiben sie uns **im Magen liegen,** weil wir diese Emotionen meist **nicht verdauen** und kein entlastendes Ventil finden oder sie nicht nutzen und in konstruktives Handeln umsetzen konnten. Haben wir **den Mund zu voll genommen,** sind wir **kleinlaut** oder **großkotzig,** löst dies eine Störung in der Kommunikation aus mit direkter Wirkung auf das zwischenmenschliche Beziehungsgefüge. Denn die Art und Weise, wie wir etwas mitteilen, bringt deutlich zum Ausdruck, **wie es um uns steht** und wie wir etwas gemeint haben. **Beißen wir die Zähne zusammen, knirschen wir mit den Zähnen, gehen wir auf dem Zahnfleisch,** dann sehen wir uns großen existentiellen Belastungen gegenüber.

Hellblaue Edelsteine sind wie der sonnenlichtdurchflutete Himmel und das Meer; sie entspannen, entlasten, sorgen für mehr Weite, Freiheit, Großzügigkeit und für himmlische Hilfe und Heilung

Andenopal azur

Der Andenopal azur befreit von einengenden Gefühlen, Beklemmungen im Brustraumbereich, wenn uns etwas bedrückt, wenn es uns zu eng wird. Erfrischende, wohltuende innere Weite lässt uns tief durchatmen, **Ballast abwerfen,** frei und offen sein für die **Wunder des Lebens.**

Aquamarin

Der Aquamarin wirkt wie Balsam auf **Wunden der Seele,** stärkt die Selbstregulierungs- und Selbstheilungskräfte, löst aus zu viel innerem Druck und Leistungsdruck, entfaltet Gelassenheit, Weite, Großzügigkeit und die Ausdauer, Begonnenes zu vollenden. Aquamarin stärkt das göttlich Weibliche in uns und das Bedürfnis, sich den Heilkräften der Natur, geistigen Heilweisen zuzuwenden und diese zu nutzen – für sich selbst und andere. Als kundiger Vermittler, Medium, Heilungskanal oder Heiler bestärkt uns der Aquamarin, unsere **Begabung zu entfalten** und zum Wohle der Schöpfung anzuwenden.

Aragonit blau

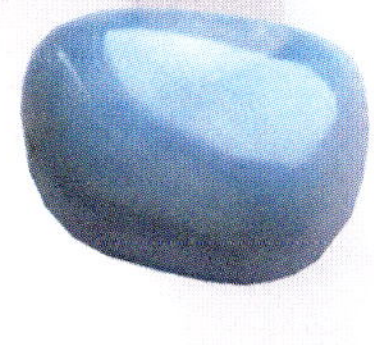

Der blaue Aragonit hat eine beruhigende Wirkung, bewahrt uns vor Überforderung, erweitert übertriebene Selbstbegrenzungen durch das **Gefühl himmlischer Weite** und löst aus zu viel Strenge. Sein hoher Kalziumgehalt kann Kalzium-Mangel ausgleichen und hat eine sehr günstige Wirkung auf Schmerzen des Bewegungsapparates.

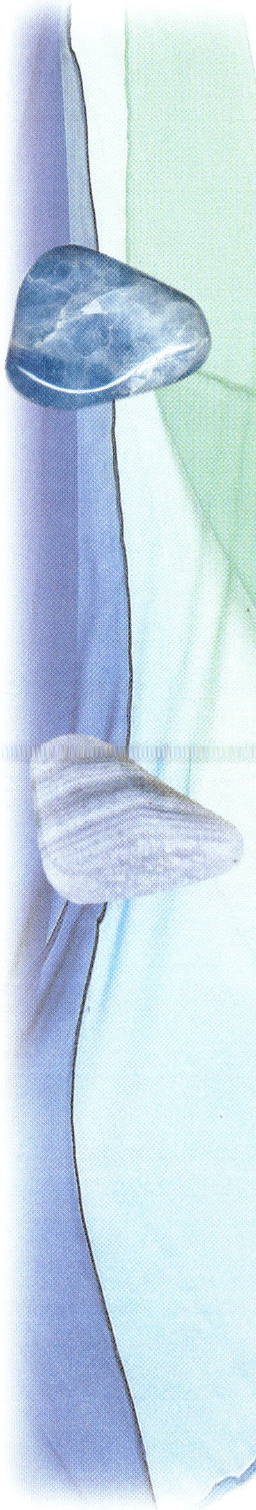

Calcit blau

Der blaue Calcit stabilisiert die Gesundung erkrankter Atemwegsorgane, ist hilfreich bei Kalzium-Mangel und sorgt für Entlastung, wenn wir uns zu viel zugemutet haben, wenn **die Last auf unseren Schultern** *uns (fast) erdrückt.*

TIPPS: Als Rohstein gibt es schöne Formationen zum Aufstellen – beispielsweise in Schlafplatznähe – mit einer mütterlich beschützenden heilsamen Kraft.
Als Trommelstein kann Calcit blau gut im Hals- und Brustraumbereich getragen werden und auf belastete Atemwegsorgane – Lunge, Bronchien, Rachenraum – wirken.

Chalcedon

Chalcedon ist bereits seit dem Altertum bekannt als **Rednerstein,** der uns in mündlicher und schriftlicher Kommunikation unterstützt, der Bewegung in unsere Ausdrucksweise bringt und uns darin stärkt, uns so mitzuteilen, dass wir verstanden und gehört werden. Er wirkt günstig auf die Stimme, hilft bei Sprachstörungen, **Redehemmungen,** Übertreibungen in der Ausdrucksweise. Mit mehr Sicherheit in der Kommunikation macht er uns Kontaktfreudig.
Chalcedon beruhigt aber auch angespannte Nerven und Gedanken, ist hilfreich bei belasteten, gereizten Atemwegen, gestauter Lymphe und wenn **es uns zu eng wird, uns etwas bedrückt, auf den Schultern lastet, bedrohlich im Nacken sitzt** – uns Angst macht.
Außerdem ist er bekannt für seine beruhigende und entlastende Wirkung bei Hitzewallungen in den Wechseljahren.

TIPPS: Bei wichtigen und schwierigen Gesprächen, bei Vorträgen, beim Schreiben von Briefen oder Texten, auch bei mündlichen und schriftlichen Prüfungen, in denen es auf sprachliche Fähigkeiten ankommt, ist es nützlich, einen ***Chalcedon in der Hand*** *zu halten oder bei sich zu tragen.*
Ansonsten kann sich die Wirkung besser entfalten, wenn der Stein direkt am ***Hals*** *oder im* ***Brustraumbereich*** *getragen wird. Mit einem* ***Chalcedon-Herz*** *kommunizieren wir* ***mit Herz*** *und werden ermutigt, das zum Ausdruck zu bringen, was uns* ***am Herzen liegt.***

*Eine intuitive **Massage** mit dem Chalcedon im betroffenen Bereich (Schultern, Nacken, Hals, Brustraum) bringt eine Intensivierung seiner entlastenden, beruhigenden Wirkung und ist auch sehr wirkungsvoll bei Erkrankung der Atemwege.*

Coelestin

Der Name dieses schönen hellblauen Steines, der häufig in durchsichtigen blauen Kristallen als Druse wächst, kommt vom lateinischen *coelestis* und bedeutet *zum Himmel gehörig.* Schon in der Antike war er bekannt und in seiner Heilkraft sehr geschätzt, da er alles Belastende aus dem Körper wegspülen und anschließend mit neuer Lebenskraft erfüllen und Seelenkräfte stärken kann. Der Coelestin wirkt wohltuend entspannend, löst Muskelverkrampfungen und Gewebeverhärtungen, bringt Erleichterung, lindert Kopfschmerzen und fördert den Optimismus. Er stärkt unser Vertrauen in das Getragensein und die Geborgenheit in himmlische Kräfte, verbunden mit dem Gefühl der Weite und Unendlichkeit. Dies befreit aus Einengung, Beklemmung und Einsamkeit, bringt Struktur in unser Leben – ohne Härte und starre Konzepte: Er wird uns **aus der Klemme helfen.**

***TIPP:** Eine Coelestin-Druse oder ein Drusenstück sind sehr hilfreich am Schlafplatz – ganz besonders bei starken Ängsten, belastenden Träumen sowie Atemproblemen.*

Larimar

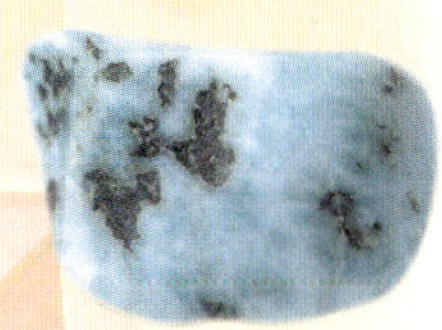

Der Larimar regt die Selbstheilungskräfte an, stärkt Ausdauer und Beständigkeit in der Heilung und ist ein wertvoller Begleiter in lang anhaltenden Heilungsprozessen – auch für einen Heiler. Larimar erweitert unsere Wahrnehmungsfähigkeit, sensibilisiert für **die Segnungen des Lebens** und fördert eine dankbare Lebensweise. Er öffnet damit die Erfahrung großer Hilfe von göttlicher Seite, besonders der mütterlich-fürsorglichen, tröstenden und beschützenden Kraft.

Regenbogen-Mondstein (Labradorit weiß)

Sein hellblauer Schimmer erinnert an den Mondstein. Er hat stark befreiende Kräfte, die aus einengenden Gefühlsmustern lösen und Weisheit, Feingefühl und intuitives Wissen verbinden.
Der Regenbogen-Mondstein beruhigt **aufgewühlte Gefühle,** hilft launischen Menschen schnell wieder in einen guten Gemütszustand zu kommen und hat einen günstigen Einfluss auf den weiblichen Hormonhaushalt.

Topas blau

Der blaue Topas baut Spannungen ab, indem er hilft, sich aus Abhängigkeiten, die durch Erwartungen und Hoffnungen an uns selbst und andere entstanden sind, zu lösen. Mit seiner Schwingung schwemmt er **verfestigte Gefühls-, Verhaltens- und Gedankenmuster** weg und sorgt für einen ruhigen, entlasteten Schlaf – **frei von Zwängen und Einengungen.**
Er verstärkt unser Vertrauen in göttliche Fügungen und Führungen, fördert **eine aufrechte Lebensweise,** Achtsamkeit und die selbstbewusste Nutzung der eigenen Fähigkeiten.

TIPPS: Für den guten Schlaf den Stein einfach unter das Kopfkissen legen (bei kleinen Kindern so, dass er nicht verschluckt werden kann).
Blauer Topas wird häufig bestrahlt, um seine blaue Farbe zu intensivieren und wird dadurch radioaktiv. Die dadurch entstehende messbare Strahlenbelastung hält mehrere Jahre an und wirkt beim Tragen auf die Haut ein, falls mit der Verarbeitung nicht lange genug gewartet wurde. Um die begehrten blauen Farbtöne hervorzubringen, werden jährlich mehrere Tonnen farbloser Topas bestrahlt und verarbeitet. Im Handel muss dies durch den Hinweis „behandelt" gekennzeichnet sein.

Türkis

Der Türkis befreit Blockaden im Heilungsgeschehen, schützt bei belastenden Einflüssen und fördert eine bewusstere Wahrnehmung von Gefahren – auch in der Kommunikation. Er stärkt uns, **Grenzen zu setzen** und **eine Sache nicht zu zerreden,** ein Gespräch zu beenden, bevor es uns schwächt und **Kraft raubt.** Damit hilft er uns, in unserer Kraft und in unserer Würde zu bleiben.

TIPP: Türkis kann seine Farbe verändern durch Lichteinflüsse, Hautschweiß, Kosmetika. Da er häufig eine poröse Oberfläche hat, wird er zur besseren Bearbeitung oft gehärtet (mit Kunstharz getränkt), gewachst, geölt oder sogar aus pulverisiertem Türkis rekonstruiert. Fragen Sie beim Kauf nach.

Praktische Anwendung

Hellblaue Edelsteine wirken direkt, wenn sie am Hals oder im Brustraumbereich getragen werden. Zum Herzen hin verbinden sie sich mit der Weisheit des Herzens und stärken die Vernunft. Als Armband lösen sie aus leichtfertigen und aus einengenden Handlungsweisen und wirken beruhigend in unsere Aktivitäten hinein. Wenn wir sie in der Hosentasche bei uns tragen, fließen Ruhe, Weite, Großzügigkeit in die Antriebskräfte und bewahren uns vor Übertreibungen. Unter dem Kopfkissen lösen sie aus Beklemmungen, belastenden Gefühlen und Gedanken und sorgen meist für einen ruhigen Schlaf.

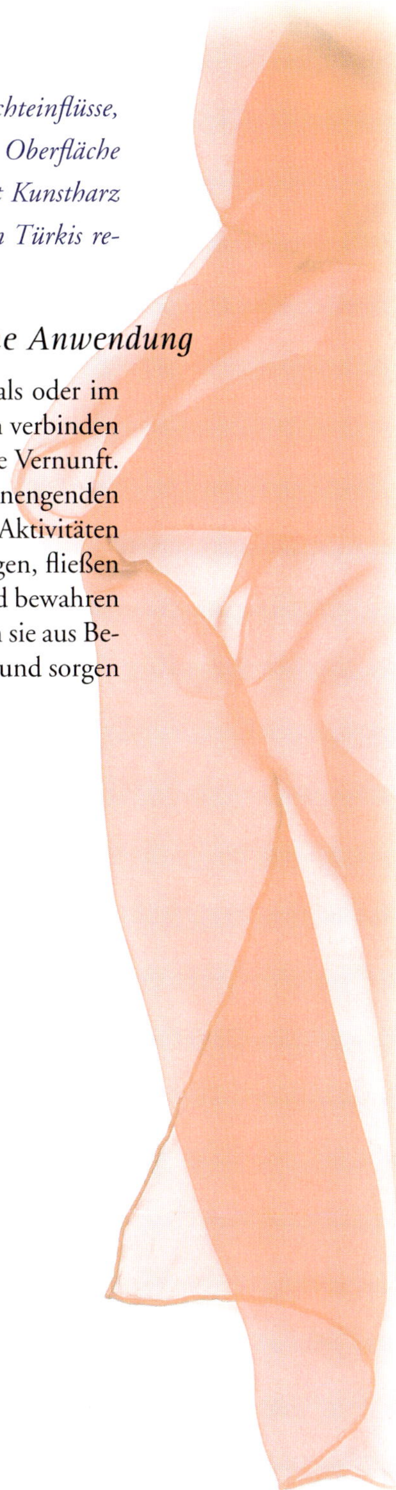

Sechstes Energiezentrum

Dunkelblaue Edelsteine

für Nase, Augen, Ohren, Stirn, für den göttlichen Willen sowie die Glaubenskraft, die Macht der Gedanken, Vorstellungen und Selbstkonzepte

Wenn wir **jemanden oder etwas nicht** (**mehr**) **riechen, sehen, hören wollen/können,** wenn wir **kaltschnäuzig** sind, **uneinsichtig, hörig, ungehorsam, dickköpfig,** führt dies je nach Ausdrucksweise zu Belastungen der Nase, Augen oder Ohren. Dies verursacht vielfältige Störungen sowie oftmals chronisch werdende Erkrankungen.

Diese Sinnesorgane gehören zum sechsten Energiezentrum, auch Stirnzentrum genannt, *Drittes Auge, Göttliches Auge, Inneres Auge.* Hier geht es um die Willens-, Glaubens- und Vorstellungskraft und die Auseinandersetzung mit dem göttlichen Willen und dem Eigenwillen, die Entwicklung der Selbstkonzepte, Lebenseinstellungen, Denkweisen, Denkmuster, Gedankengänge und ihre machtvolle Wirkung auf die Lebensweise. Oftmals begegnen wir hier festgefahrenen, erstarrten Strukturen. Wir wollen **mit dem Kopf durch die Wand, zerbrechen uns den Kopf** oder sind **engstirnig, kopflastig, eigensinnig.**

Wir können **jemandem die Stirn bieten,** ein **Trotzkopf,** ein **Dickschädel** sein und wir können **einsichtig, weitsichtig, kurzsichtig, hellhörig, gehorsam** sein.

Um mit uns selbst, dem Schöpfer und der Schöpfung in Frieden und in Einklang zu sein, integer und vertrauensvoll zu leben, brauchen wir das dunkle Blau.

Dunkelblaue Steine erinnern an den tiefblauen Nachthimmel, an tiefinnere Ruhe, Kraft und Gottvertrauen. Oft finden wir dies im Schlaf, in der tiefen Entspannung, im Gebet, in der Meditation.

Apatit

Der Apatit stabilisiert Antriebs- und Willenskräfte nach großer Anstrengung und Verausgabung der Kräfte, führt aus der Zerstreuung und fördert die **Zielstrebigkeit** – auch um sich aus Abhängigkeiten, Süchten und Exzessen zu lösen. Er stärkt die **Aufgeschlossenheit** für Neues, aber gleichzeitig auch die Prüfung, ob es wichtig, wesentlich ist für uns.

Azurit

Der Azurit vertieft die Glaubenskraft und das Vertrauen in die geistige Führung, fördert die Erkenntnis aus Lebenserfahrungen, regt die Wahrnehmung **mit dem Inneren Auge** an. Er stärkt uns in Gebet und Meditation, in Konzentration und Kontemplation.

TIPP: Von besonderer Intensität sind die tiefblau glänzenden Azuritkristalle, die sich oft zu Rosetten formen und die eine Essenz der Kräfte in sich tragen. Sie unterstützen Konzentration und Aufnahmefähigkeit und sorgen für achtsame Bewusstseinserweiterung.

Dumortierit

Der Dumortierit gibt Zuversicht – auch in schwierigen Lebenslagen, mildert Angstzustände und Panik, **löst aus zu viel kreisenden Gedanken** und entwickelt Gelassenheit. Er hilft bei Kopfschmerz, zwanghaften Handlungen, Abhängigkeit und **lässt uns vieles im Leben leichter nehmen.**

Falkenauge

Das Falkenauge unterstützt die Sehkraft der Augen und ist hilfreich bei Augenerkrankungen. Er **hilft uns hinzuschauen** und uns damit auseinander zu setzen und zu integrieren was wir sehen, steigert das Verständnis für unsichtbare Vorgänge und

Zusammenhänge, sorgt für Beweglichkeit in der Gedanken- und Vorstellungswelt und fördert **Einblick** und **Einsicht.**

TIPPS: Bei Augenerkrankungen, Sehstörungen sich täglich hinlegen, ausruhen und je einen kleinen Stein direkt in die Augenwinkel der geschlossenen Augen legen.
Zur Entlastung der Gedanken und zur Förderung neuer Erkenntnis und Einsicht ein Falkenauge zum Stirnzentrum zwischen die Augenbrauen über die Nasenwurzel legen.

Fluorit blau

Der blaue Fluorit ist eine große Hilfe beim Lernen. Mit seiner ordnenden Struktur wirkt er günstig auf eine Ordnung in der Gedankenwelt, aber auch in der Lernumgebung des Menschen. Er hilft dabei, **sich auf das Wesentliche zu konzentrieren** und **sich nicht ablenken zu lassen**, fördert die Beweglichkeit und Schnelligkeit im Denken sowie die Auffassungsgabe und Merkfähigkeit.

TIPPS: Einen blauen Fluorit Trommelstein bei sich tragen in der Hosentasche oder sich umhängen, beim Lernen in der Hand halten oder sichtbar vor sich hinlegen.
Einen Fluorit, in dem die blaue Farbe in Verbindung mit Violett und/oder Grün vorkommt – als Rohstein oder poliert – auf den Schreibtisch stellen. Dabei können die Kräfte durch ihre Ausstrahlung auf die Person wirken, die am Schreibtisch sitzt. Oft führt dies nicht nur zu einer Ordnung und Konzentration in der Gedankenwelt, sondern auch zu einer Ordnung im Außen, die durch einen geordneten Schreibtisch sichtbar wird.

Iolith (Cordierit)

Der Iolith verbindet die dunkelblaue mit der violetten Farbe und verstärkt damit die Wahrnehmung und Umsetzung der Intuition und Inspiration durch **unerschütterliche Glaubenskraft** und **Durchhaltevermögen.** Damit lassen sich Ideen, Vorstellungen, **Eingebungen** verwirklichen, die mit Willenskraft allein nicht durchführbar sind, sondern nur in Verbindung mit göttlichem Wirken, mit höherer Fügung, Führung und Kraft.

Labradorit

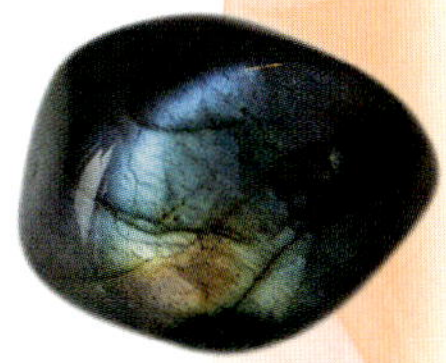

Dieser gelb-grün-blau-grau-schimmernde Stein bringt Bewegung in unsere Denk- und Sichtweise. Er verstärkt innerste Impulse, sich Geheimnissen, Verborgenem, kosmischen Gesetzen und Gesetzmäßigkeiten, geistigen Zusammenhängen der Schöpfung bewusster zuzuwenden und ihre Wirkungen im irdischen Geschehen zu ergründen, zu erkennen und umzusetzen – **und dabei den Realitätssinn nicht zu verlieren.**

Lapislazuli

Der Lapislazuli stärkt das **Selbstvertrauen** und das Vertrauen in die göttliche Führung, vereint den **Eigenwillen** mit dem göttlichen Willen, fördert die Entwicklung von Herrschen und Dienen, Hingabe und Glaubenskraft. Er unterstützt die Innenschau, Hellsichtigkeit und **außersinnliche Wahrnehmungen.**
Lapislazuli regt das Wissen um geistige Vorgänge und Zusammenhänge an und die Auseinandersetzung mit dem, was uns heilig ist. Er löst aus Denkblockaden, Eigensinn und verdrängten Problemen, fördert die Integration und die freie, verantwortungsbewusste Entfaltung und Spiritualität.

Oft wächst Lapislazuli in Verbindung mit goldenen Pyriteinschlüssen, die in dem dunklen Blau **wie Sterne leuchten** und uns an die Licht-Freunde erinnern, die mit uns sind und uns helfen.

TIPPS: Wenn wir Lapislazuli auf das Stirnzentrum auflegen, wirkt er bewusstseinserweiternd und stärkt die Glaubenskraft. Lapislazuli nicht während des Schlafs unter das Kopfkissen legen, da er unsere innere Wahrnehmung in Dimensionen führen kann, die nicht integrierbar sind im Tagesbewusstsein und für Verwirrung sorgen.
Da der dunkelblaue Lapislazuli sehr begehrt ist, werden Qualitäten, die mit weiß-grauen Anteilen gewachsen sind, oft gefärbt. Fragen Sie beim Kauf nach.

Sodalith

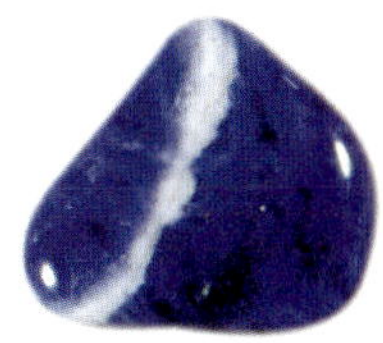

Der Sodalith hilft uns, so zu sein, wie wir sind und nicht wie uns andere haben möchten. Damit stärkt er unser Selbstvertrauen, die Treue zu uns selbst und lässt uns mehr Toleranz für uns selbst und andere entwickeln. Er löst aus einengenden Selbstkonzepten, zu strengen Lebensprinzipien und übertriebener Sorge, **bringt Ruhe**

in die stets kreisenden Gedanken. Häufig verschwinden damit auch Kopfschmerzen, mit denen wir uns **den Kopf zerbrechen;** tiefinnerer Friede breitet sich aus.

Saphir

Der Saphir fördert die Willenskräfte und die Verbindung mit dem göttlichen Willen, stärkt unsere Glaubenskraft für eine Sache und führt uns mit **Selbst-Beherrschung,** Disziplin und bewusstem Verzichtenkönnen, mit dem **Sieg über Schwächen,** niedere Antriebskräfte und Motive zur Verwirklichung höherer Absichten und Ziele. Er sorgt für **Geradlinigkeit,** Treue und Konzentration der Kräfte und Gedanken, bringt innere Ruhe, Halt und Struktur.
Etwas Besonderes ist der *Sternsaphir* mit sternförmig zusammenkommenden Lichtstreifen aus eingelagerten Rutilnadeln. Er stärkt in uns das bewusste Verbundensein mit der göttlichen Welt, ihren Lichtwesen, Engeln, geistigen Führern, die ihre Kräfte vereinen und uns zur wahren Selbstverwirklichung und Erfüllung führen.

TIPPS: Der Saphir entfaltet seine Kräfte sehr stark als Ring, da er in die Ausführung der Glaubenskonzepte, in die Verwirklichung durch Handlung hineinwirkt.
Menschen, die zu übertriebener Disziplin und Strenge neigen, sollten wenig Saphir tragen. Empfehlenswerter ist dann der Saphir in einem helleren Blau, in der gewölbten, abgerundeten weicheren Form des Cabochon-Schliffs (nicht im Facettenschliff mit ganz exakt festgelegten Flächen), als Trommelstein oder als Sternsaphir, der immer als Cabochon geschliffen wird, damit sein Stern sichtbar wird.

Tansanit

Glaubenskraft und Intuition fließen zusammen und unterstützen sich gegenseitig. Übertriebene Vorbehalte können sich lösen und **wahre Größe** zum Ausdruck kommen. Der Tansanit stärkt das Vertrauen und hilft, Angstzustände und große Krisen zu überwinden und im gefestigten Gottvertrauen zu leben.

Turmalin blau (Indigolith)

Der blaue Turmalin löst Blockaden und Schwächen in der Welt der Gedanken, Denkweisen, Vorstellungen und verhilft hier oft zu einem **Durchbruch,** der zu neuen **Einsichten** und **Sichtweisen** führt. Er unterstützt selbstbewusstes Durchsetzungsvermögen in Verbindung mit Toleranz und Verantwortungsbewusstsein.

Praktische Anwendung

Dunkelblaue Edelsteine wirken sehr gut über das Halszentrum, von wo aus die Energie natürlich zu den Sinnesorganen und dem Stirnzentrum aufsteigen kann. Mit der Stärkung der Glaubens- und Willenskraft wirken sie zudem in der Kommunikation, so dass diese getragen ist von der Kraft der Überzeugung. Im starken Gottvertrauen und der Verbindung mit dem göttlichen Willen, ist es aber auch möglich, Schuldgefühle zu entlasten, die **auf den Schultern lasten** und sich dem bedrohlich Empfundenen zu stellen, das **im Nacken sitzt.**

Werden dunkelblaue Edelsteine am Herzen getragen, kommen Willens-, Glaubens- und Vorstellungskräfte zusammen mit der **Herzensliebe** und dem Mitgefühl, die Überzeugungskraft mit Hingabefähigkeit, die Einsicht mit Weisheit. Dies bringt Herz und Verstand zusammen, spendet **Trost bei Herzschmerz,** fördert die **Treue in der Liebe.**

In der Hosentasche getragen, verbinden sich Glaubenskraft und Vorstellungsvermögen mit der Antriebskraft, was die Motivation enorm beeinflusst. Das wovon wir überzeugt sind, **mobilisiert Kräfte,** um es zu verwirklichen und um danach zu leben.

Unter dem Kopfkissen während des Schlafs können die dunkelblauen Edelsteine mit ihren Kräften direkt in den Kopfbereich, in die Gedanken- und Vorstellungswelt hineinwirken, tiefinnere Einsichten anregen, **den Frieden mit sich selbst** und dem Schöpfer unterstützen, für innere Ruhe sorgen (Ausnahmen beim Lapislazuli beachten).

Als Armband oder Ring getragen, fließen Vertrauen, Glaubens-, Vorstellungs- und Willenskräfte in die Handlungen des täglichen Tuns hinein; Selbstvertrauen und Treue werden verstärkt.

Siebtes Energiezentrum

Violette Edelsteine

für Gehirn, Epiphyse und das geistige Potential, für Transformation, Bewusstseinserweiterung und Spiritualität, für Intuition und Inspiration

Unser gesamtes geistiges Potential befindet sich in unseren beiden **Gehirnhälften,** wobei nur ein kleiner Teil unserer Gehirnzellen so entwickelt ist, dass wir sie bewusst nutzen können. Hier **liegt noch vieles im Verborgenen,** im Unbewussten. Wir haben es mit dem **Unnennbaren, Unfassbaren** zu tun und mit dem **Geistesblitz,** der **Eingebung,** der Intuition, der Erleuchtung und **mit dem Licht, das uns aufgeht.** Wir sprechen aber auch von der **Hirnlosigkeit,** dem **Hirnverbrannten** – in gewisser Weise von all dem, **was unser Verstand nicht fassen kann,** nicht versteht, wofür wir keine Erklärung haben, *was keinen Sinn hat* und **worin wir oft keinen Sinn erkennen.** Am unteren Stammhirn befindet sich die Zirbeldrüse (Epiphyse), die für die Produktion aller wichtigen Hormone im Körper verantwortlich ist. Sie gilt als oberste Kontrollinstanz und als Schaltzentrale zwischen Körper und Geist.

Geistige Kräfte aus dem Kosmos brauchen oft eine Transformation, eine Veränderung ihrer Schwingung, um vom menschlichen Geist empfangen und wahrgenommen zu werden. Wir sprechen von **Antennen,** mit denen wir kosmische Schwingungen aufnehmen und so transformieren, dass wir sie verstehen und im Irdischen weitergeben und anwenden können. Hierbei erfahren wir Kräfte, die wir nicht oder nur teilweise erklären und benennen können, deren Wirksamkeit aber erfahrbar ist. Dazu gehören beispielsweise die Geistheilung, die Anrufung der Engelwelten und ihr Wirken in unserem Alltag, das Gebet und die gewährte

Gnade der Erhörung, die Meditation und Veränderung des Bewusstseins, Lichterfahrungen, Botschaften aus der geistigen Welt.

Diese Vorgänge, Fähigkeiten und Potentiale sind verbunden mit dem so genannten Kopfzentrum, auch Kronenzentrum oder Scheitelzentrum genannt, dem höchsten der sieben Hauptenergiezentren. Dieses reagiert ganz besonders auf die Farbe Violett. Violett ist eine Mischung von rot und blau. Mit Rot ist die Antriebskraft, Motivation und Tatkraft verbunden, mit Blau die Glaubens-, Willens- und Vorstellungskraft. Irdische, existentielle, materielle Kräfte vereinen sich im Violett mit geistigen, spirituellen, bewusstmachenden Kräften und helfen uns, mit geistiger Kraft die Materie zu beleben und umgekehrt mit allen irdischen Kräften für die Manifestation der Ideen, Vorstellungen und geistigen Ziele zu sorgen.

Die Kraft des Geistes bringt neue Ideen und Impulse hervor und die Erweiterung des kosmischen Weltbildes, des göttlichen Bewusstseins, der Spiritualität. Dies hilft uns, über die Kontrolle und über das Vorstellungsvermögen des Verstandes hinauszugehen und uns der Bewusstwerdung geistiger Kräfte und Vorgänge zu öffnen – auch **wenn sie der Verstand nicht erklären kann.**

Violette Edelsteine unterstützen die Entwicklung der Intuition, die Wahrnehmung und, falls erforderlich, die Transformation der inspirierenden Kraft des Geistes.

Amethyst

Der Amethyst verkörpert das geistige, **das spirituelle Feuer** und **entflammt** in uns **die Begeisterung,** den Geist des Lebens, so dass **es funkt.** Dabei können inspirierende Kräfte wirksam werden, neue Ideen, Eingebungen, intuitive Wahrnehmungen bewusst werden lassen. Es ist ein Stein der Transformation, der uns darin unterstützt, geistige Kräfte, Hinweise und Botschaften bewusster zu empfangen und im irdischen Leben zu nutzen. Viele Menschen, die geistige Heilweisen praktizieren, Meditieren, sich in andere Bewusstseinszustände begeben können, erleben innerlich violettes Licht. Der Amethyst verstärkt diese Erfahrungen, intensiviert das Fließen und Wirken geistiger Heilkraft, aber auch bewusstmachende Erkenntnis für die Lösung aus Kränkung und Krankheit.

Er stärkt die **Standhaftigkeit** und hilft damit immer wieder, im entscheidenden Moment **nicht schwach zu werden, nicht umzukippen** und uns **von einem guten Vorsatz nicht abbringen zu lassen.** Damit ist der Amethyst auch hilfreich für die Lösung aus der Sucht, mit der wir sozusagen auf der Suche sind – eigentlich nach dem Sinn des Lebens. Er unterstützt uns, der Intuition zu vertrauen und mit ihr einen Realitätssinn zu entwickeln, der uns aus **Luftschlössern** und nicht durchführbaren Ideen und Vorhaben rechtzeitig löst.

Außerdem ist der Amethyst sehr hilfreich bei Hautproblemen – wenn wir **aus der Haut fahren** möchten, wir **uns unserer Haut nicht wehren können, uns etwas juckt** oder **nicht juckt.** Die Erfahrung zeigt auch, dass er vor Zeckenbissen schützt.

TIPPS: *Bei **Hautproblemen** den Amethyst – bevorzugt eine handliche Amethystspitze, die nicht geschliffen wurde – befeuchten (mit dem eigenen Speichel oder mit Wasser) und täglich mehrfach über die betroffene(n) Hautstelle(n) streichen; Amethyst in Wasser legen und sich damit waschen.*

*Beim Aufenthalt in der Natur einen Amethyst in der Hosentasche bei sich tragen oder umhängen, um **Zeckenbissen** vorzubeugen.*

*Bei **Suchtproblemen** eine Amethystspitze immer bei sich tragen oder in der Nähe haben und in die Hand nehmen, sobald wir schwach werden.*

*Die **Amethystdruse** bildet vom Wachstum her eine Höhle, die uns einlädt zu innerer Sammlung, zum **Nachsinnen, Kraft tanken** und **Ideen schöpfen** aus geistiger Quelle. Sie sorgt für ein **gutes geistiges Klima** und schafft eine spürbar **angenehme Raumatmosphäre.***

*Als Druse oder Drusenstück ist der Amethyst aber auch ein wirksamer **Schutzstein,** der **Gefahren abwendet** und **unerklärliche Vorgänge,** die Schaden anrichten, beendet – beispielsweise Wasserschäden, die immer an derselben Stelle auftreten, häufige Defekte elektrischer Geräte, Herunterfallen zerbrechlicher Gegenstände.*

*Mit ungeschliffenen Amethystspitzen kann **Trinkwasser** über Nacht energetisiert werden. Das Trinken dieses Amethystwassers unterstützt über die körperliche Ebene Heilungsprozesse der Haut und die Standhaftigkeit bei Versuchungen der Sucht.*

Amethyst während des Schlafs unter dem ***Kopfkissen*** *löst erfahrungsgemäß gegensätzliche Erfahrungen aus. Es gibt Menschen, die damit sehr gut, tief und fest, geborgen in der geistigen Heimat schlafen. Andere sind* ***hellwach,*** *haben Eingebungen, viele Ideen,* ***kommen nicht zur Ruhe,*** *weil sie sehr inspiriert sind.*

Ametrin

Mit dem Ametrin begegnen wir einem ganz besonderen Stein. Er ist in der Natur entstanden – ein Miteinander von Amethyst und Citrin. Hierbei vereint sich die Geisteskraft, die Intuition mit dem Mut, der Freude, dem Selbstbewusstsein. Das in der Intuition Erkannte sowie Eingebungen, Ideen und Vorstellungen werden unterstützt, um hemmende Blockaden, resultierend aus Ängsten oder Minderwertigkeitsgefühlen, zu überwinden. Einschränkende Energien, die aus Selbstsuggestionen und Hemmungen kommen, wie beispielsweise **das kann ich doch nicht, das wird nie klappen, vielleicht bilde ich mir das alles nur ein** werden gelöst, so dass **die Kräfte fließen** und sich verwirklichen können.

TIPP: Ametrin(-Kugel) während des Schlafs unter dem Kopfkissen kann Schnarchen verringern/verhindern.

Charoit

Der Charoit fördert bewusst eingesetzte Willenskraft und Entschlossenheit, um Ideen und Vorsätze zu verwirklichen und um Herausforderungen, die tief greifende Veränderungen mit sich bringen, zu meistern und **ein hohes Ziel zu erreichen.**

Fluorit-Opal

Der Fluorit-Opal verbindet die Intuition mit Beweglichkeit, provoziert **Gedankensprünge,** intuitive Entdeckungen, sorgt aber gleichzeitig für Realitätssinn und erdende Orientierung. Er lässt manchmal unerwartet **das Unfassbare greifbarer werden.**

Fluorit violett

Der violette Fluorit sorgt für Beweglichkeit im Denken und in Denkstrukturen, stärkt das Gedächtnis, löst aus **Engstirnigkeit** und **Kopflastigkeit.** Violette Fluorit-Oktaeder unterstützen den Ordnungssinn, helfen aber auch, mit intuitiven Wahrnehmungen ins irdische Leben hineinzuwirken und spirituelles Wissen anzuwenden.

Lavendel-Jade (Jadeit violett)

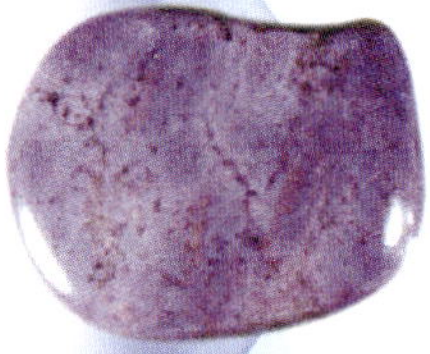

Lavendel-Jade hilft uns, das **Unfassbare**, das **Unbegreifliche** zu integrieren, indem wir den Sinn und **das Gute in allem erkennen.** Der Stein löst aus Verzweiflung und Unzufriedenheit, wirkt beruhigend bei Nervosität und Gereiztheit.

Lepidolith

Der Lepidolith hilft bei der Integration schwieriger Wahrnehmungen und der Anerkennung von Grenzen, deren Überschreitung eine Gefahr für die Persönlichkeit mit sich brächte. Er stärkt die Unterscheidungskraft und lehrt uns, **nichts und niemand zu verurteilen** – weder uns selbst noch andere.

Sugilith

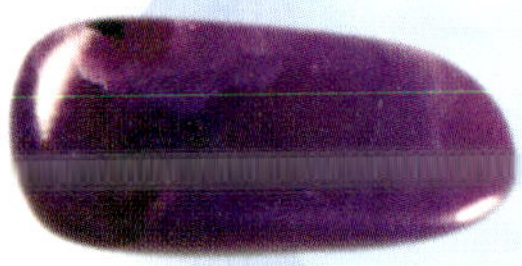

Der Sugilith wirkt auf Gehirn und Nerven, löst Anspannungen, Sorgen und Ängste, die aus der Vorstellung kommen, wie etwas werden *könnte*. Er lässt uns die Kraft und **Macht unserer Gedanken,** Vorstellungen, Konzepte, Eingebungen bewusster werden, mutig und verantwortungsvoll nutzen und manifestieren.

TIPP: Eine besondere Wirkung zeigt der Sugilith bei Frühgeborenen, Säuglingen und Kindern, die Schwierigkeiten haben, sich im Erdenleben zurechtzufinden und entsprechende körperliche Reaktionen zeigen, wie große Ernährungs-, Verdauungs-, Schlafprobleme, Reaktionen, die sich oftmals gleich oder bald nach der Geburt zeigen. Dafür einen kleinen Sugilith ins Bettchen legen, möglichst unter die Matratze, so dass er nicht verschluckt werden kann.

Praktische Anwendung

Violette Edelsteine sollten achtsam und bewusst getragen werden. Im Hals- und Brustraumbereich verbinden sie die Intuition mit der Kommunikation, lösen Belastungen, die auf unseren Schultern lasten, lenken heilsame Kräfte in den Brustraumbereich. Am Herzen sorgen sie für Heilung des Herzschmerzes und nähren die spirituelle Liebe und das Mitgefühl aus geistiger Quelle. In der Hosentasche stärken sie die Antriebskräfte, Lebensqualität und Schöpferkraft, bringen mit inspirierenden Impulsen neue Ideen auf den Weg der Verwirklichung. Am Handgelenk lenkt die Intuition das Tun.

Pflege der Helfersteine

Dankbarkeit, Reinigung, Aktivierung, Aufbewahrung

Edelsteine, die uns in unserem Leben begleiten, nehmen eine energetische Verbindung mit uns auf, wirken mit ihren Qualitäten und Kräften auf körperliche, seelische, geistige Vorgänge und Potenziale ein. Dafür sollten wir uns ihnen immer wieder dankbar zuwenden. Zwar können sie uns nicht wie die Geschöpfe der Tier- und Pflanzenwelt ihre Freude darüber zeigen. Wir können jedoch davon ausgehen, dass auch das Mineralreich zugänglich ist für unsere liebende, dankbare, wertschätzende Aufmerksamkeit. Diese wird nicht nur von den Schwingungen des Edelsteines wahrgenommen, sondern auch von ihren Engeln und vom Schöpfer. Aus unserem Zusammenleben wissen wir, dass wir eine Wirkung aufeinander haben, die beeinflusst ist von unserer Aufmerksamkeit und der Art unserer Zuwendung. Wenn wir an einem Menschen grußlos und abgewandt vorbeigehen, hat dies eine andere Wirkung als wenn wir mit einem offenen Blickkontakt, einem Lächeln oder ein paar netten Worten vorbeigehen.

Wenn wir mit Edelsteinen durchs Leben gehen, können wir ihre Kräfte, die sich mit uns verbinden und auf uns wirken, enorm intensivieren. Wir verstärken durch unsere Aufmerksamkeit die Freude an ihrer Schönheit und die Dankbarkeit für ihre Hilfe. Dadurch entfalten sich in der natürlichen Ausstrahlung der Edelsteine Energien, die sonst nicht oder sehr viel schwächer aktiviert und wirksam werden. Wollen wir die Engel der Edelsteine erreichen, können wir sie begrüßen und uns ihre leuchtende Schwingung in der Farbe ihres Steines vorstellen. Wir können ihre Liebe für uns spüren und sie darum bitten, das Heil-same (den Samen der Heilung) in ihrem Stein zu beleben und in uns wirksam werden zu lassen. Wie häufig diese aufmerksame Zuwendung geschehen sollte und ob wir uns dabei an die Engel wenden möchten, ist jedem selbst überlassen. Wichtig ist dabei ein echtes, inniges Gefühl.

Möglich ist dies jeden Tag, wenn wir einen Edelstein, eine Kette, ein Armband oder einen Ring mit in unseren Alltag nehmen. Bereits beim Auswählen können wir die Edelsteine bzw. den Schmuck begrüßen und beim Ablegen uns bei ihnen bedanken. Wenn wir in einen Raum mit einem aufgestellten Edelstein kommen, können wir ihn wie einen guten Freund mit einem freudigen Blick würdigen und uns zum Abschied – das kann beim Verlassen eines Arbeitsplatzes oder vor dem Schlafengehen sein – bedanken. Auch wenn dies nur ein kurzer Gedanke, ein momentanes Gefühl, ein Augenblick ist, so entstehen doch ein energetisches Band und eine Verbindung. Falls für einen Moment die Idee hochkommt, dass uns der Stein jetzt geholfen hat, auch dann ist das ein Grund, ihm spontan zu danken.

Edelsteine, die wir wegen einer Belastung, Erkrankung, schwierigen Lebensumständen als Helfer bei uns tragen sowie Edelsteine, die zu einer Behandlung auf dem Körper aufliegen, sollten wir regelmäßig reinigen: Behandlungssteine direkt nach der Behandlung; Edelsteine, die wir von morgens bis abends bei uns tragen, abends; Edelsteine, die unter unserem Kopfkissen liegen, morgens.

Viele Empfehlungen wurden veröffentlicht, wie Edelsteine zu reinigen sind. Seit die Edelsteine vor mehr als zwanzig Jahren ihre Verbindung mit mir aufgenommen haben und mich seitdem als Vermittlerin ihrer heilsamen Kräfte nutzen, wende ich folgende Methode an, die mir von ihnen mitgeteilt wurde:

Die Edelsteine in die Hände nehmen und kurz unter fließendes Wasser halten. Während das Wasser darüber fließt, stellen Sie sich vor, wie mit dem Wasser alles Dunkle, Schmutzige weggeschwemmt wird. Bei Ketten, Schmuckstücken, Armbändern ist es besser, sie mit einem sauberen, angefeuchteten Tuch sanft abzureiben (statt unter das fließende Wasser zu halten) und sich dabei vorzustellen, wie alles Dunkle, Schmutzige abgerieben wird. Danach die Edelsteine, Ketten, den Schmuck oder die Armbänder mit einem sauberen Tuch abtrocknen und kurz in den offenen Händen halten. Beobachten Sie, wie die Edelsteine schön in ihren Farben leuchten. Bedanken Sie sich dann bei ihnen.

Bei diesem Reinigungsvorgang verbinden sich physische, mechanische Kräfte mit mentalen, geistigen Kräften – das fließende Wasser mit der reinigenden Vorstellung. Da wir uns im Wassermannzeitalter befinden und geistige Kräfte in der Materie besser kennen lernen und nutzen dürfen, entspricht diese Reinigung dem Zeitgeist und wird von der geistigen Seite und von lichtvollen Helfern sehr unterstützt.

Wenn wir Edelsteine/Ketten/Schmuck nicht tragen oder auflegen, haben wir verschiedene Möglichkeiten der Aufbewahrung:

- Auf eine Bergkristallgruppe legen oder in eine Schale mit Bergkristallen (Rohsteine oder Trommelsteine). Die reinigenden, ordnenden und klärenden Kräfte des Bergkristalls wirken in die Schwingungen der aufgelegten Steine hinein.
- In eine Amethystdruse oder auf ein Amethystdrusenstück legen. Die geistigen Kräfte wirken transformierend, stabilisierend in die Schwingungen der Steine in/auf der Druse.
- Auf einem Tuch an einem ausgewählten Platz bewusst zu einem Mandala, einem Kraftfeld, anordnen. Dies nimmt durch seine äußere Form und sein Aussehen energetischen Bezug auf innere Vorgänge und Strukturen im Menschen.

Edelsteine mögen es, für uns da zu sein, uns mit ihrer Schönheit zu erfreuen, uns mit ihren Qualitäten und Kräften zu helfen. Sie können nichts für uns tun, wenn sie in einer Schachtel, in einem Schrank oder hinter Glas aufbewahrt werden.

Wenn wir allerdings spüren, dass zu viele Edelsteine in unserer Nähe sind – besonders in Schlafplatznähe – ist es möglich, sie mit einem Seidentuch abzudecken. Seide schirmt die Ausstrahlung und Wirkung der Edelsteine ab, die sich darunter befinden.

Obwohl Edelsteine erstarrt, verfestigt, versteinert erscheinen, sorgen sie auf ihre Weise dafür, dass sie zu uns kommen, wenn wir sie brauchen und wieder gehen, wenn sie nichts mehr für uns tun können.

Die Anziehungskraft, die wir für einen Edelstein empfinden, der uns helfen kann, kommt über die Schwingungen unserer Energiesysteme zu ihm, über unsere Ausstrahlung, mit der wir – meist unbewusst – eindeutige Informationen aus unserem körperlichen, seelischen und geistigen Befinden aussenden. Unsichtbare Helfer und Kräfte werden wirksam, um uns auf den Helferstein aufmerksam zu machen und ihn zu uns kommen zu lassen. Es kann beispielsweise sein, dass wir ihn von einem nahe stehenden Menschen geschenkt bekommen, dass wir in einem Buch von einer Wirkung lesen, die uns anspricht, dass wir ihn sehen und er uns in irgendeiner Weise gefällt oder fasziniert oder dass ein(e) Edelsteinkundige(r) ihn für uns auswählt.

Kann ein Edelstein nichts mehr – oder vorübergehend nichts – für uns tun, sorgt er beispielsweise dafür, dass die mit ihm verbundene Aufmerksamkeit nachlässt, dass wir ihn weglegen, dass wir ihn nicht finden, dass wir nach einem anderen Helferstein suchen – einem inneren Bedürfnis oder Gefühl folgend, dass wir einen neuen Edelstein geschenkt bekommen oder dass uns ein anderer Stein fasziniert.

Hat ein Helferstein alles für uns getan, was er bewirken konnte und durfte, sorgt er dafür, dass wir ihn weglegen, ihn nicht mehr finden oder dass er kaputt geht – beispielsweise indem er trotz aller Achtsamkeit herunterfällt und beschädigt wird. In diesem Fall sollten wir uns bei ihm bedanken für all seine Unterstützung und den Stein dem Wasser eines Baches, Flusses, Sees übergeben oder ihn in der Erde vergraben. Keinesfalls sollten wir den Stein wieder kleben und weiter nutzen – auch dann nicht, wenn er nur kurze Zeit bei uns war, uns einen wesentlichen Impuls – vielleicht sogar (noch) unbemerkt – gegeben hat und dann nichts mehr tun kann. Wir sollten nicht das wieder zusammenfügen, was sich von uns getrennt hat oder sich für uns befreit, geöffnet hat, sondern uns den neuen Möglichkeiten, Kräften und Hilfen vertrauensvoll zuwenden.

Die praktische Erfahrung im Leben zeigt, dass immer wieder aufs Neue das Wunder geschieht, dass der passende Helferstein „seinen“ Menschen findet, und zwar genau dann, wenn diese Hilfe gebraucht wird und wirken darf.

Über die Autorin

Foto: Mario Heeb

Ursula Klinger-Omenka, geboren 1950, ist eine Pionierin und Expertin in der Lichtarbeit mit Edelsteinen. Sie ist Heilerin, spirituelle Lehrerin und Beraterin und seit 1988 Reiki-Meisterin – eingeweiht von Phyllis Furumoto. Mit ihren Edelsteinbüchern erreicht sie seit vielen Jahren eine weltweite Leserschaft. Ursula Klinger-Omenka entwickelte Reiki in Verbindung mit Edelsteinen und Engeln. Seit 1983 praktiziert, lehrt und vermittelt sie das Heilsame – den Samen der Heilung, der in den Edelsteinen liegt. Ursula hat die Begabung, einen persönlichen Edelstein nach dem Namen eines Menschen auszuwählen und dazu eine Engel-Botschaft weiterzugeben.

Gemeinsam mit ihrem Mann machte sie zahlreiche Bewohner seines Heimatlandes Nigeria mit Reiki vertraut. Beide gehören zu den Initiatoren des gemeinnützig anerkannten Vereins zur ‚Förderung Internationaler Begegnung Reiki – Nigeria e.V.' und der Reiki-Klinik in Nigeria, einer internationalen Begegnungsstätte mit dem integrierten Waisenhaus ‚Reiki Children's Home' und dem Kinder-Lern-Projekt ‚Kreatives Lernen'.

Nähere Informationen erhalten Sie im Internet unter:

www.reiki-klinik-nigeria.com.

Ihre längeren Aufenthalte in Nigeria ermöglichten ihr tiefgehende Erfahrungen mit afrikanischer Tradition und Lebensweise.

Zugleich eröffneten sich ihr neue Wege der Menschlichkeit und Spiritualität, die sie zu einer prägenden Muttergotteserfahrung führten. Daraus ist die Anrufung der Muttergottes mit der *Ave Maria* Fürbitte zur Vergebung und Aussöhnung mit belasteten Beziehungen und Lebenserfahrungen entstanden sowie der *Ave Maria* Pilgerweg und Pilgerreisen.

Ursula Klinger-Omenka lebt in Lindau. Nach Termin-Vereinbarung ist sie in ihrem Edelsteingeschäft auf der Lindauer Insel anzutreffen, wo sie Edelsteinberatungen mit Engel-Botschaften, Einzelsitzungen, Behandlungen und Seminare gibt.

Außerdem ist sie im In- und Ausland in Seminarzentren und Praxen tätig sowie in der Hahnemann Klinik, einer Homöopathischen Klinik, in der Krebs- und chronische Erkrankungen homöopathisch behandelt werden (www.hahnemann-klinik.de).

Nähere Informationen, Termine, Kontakt, Jahresprogramm:

Chidera Edle Steine, Salzgasse 7, 88131 Lindau-Insel
Telefon: 0 83 82/75 03 30
Internet: www.chidera-edle-steine.com

Adressen und Bezugsquellen

Die Edelstein-Fotos in diesem Buch* sind Aufnahmen und Eigentum der Firma *Dieter Welsch*, die der Autorin freundlicherweise zur Verfügung gestellt wurden.

Trommelsteine in guter Qualität sind im Fachhandel erhältlich.

Einkaufsmöglichkeit *nur* für Händler (Gewerbeschein erforderlich):

Dieter Welsch
Im Ebes 11
D - 55758 Hottenbach
Tel.: +49 (0) 6785 / 97 72 0
Fax: +49 (0) 6785 / 97 72 22
http://www.welsch-edelsteine.de
info@welsch-edelsteine.de

Die Firma Welsch, Familienbetrieb mit Schleiferei, verarbeitet seit über 30 Jahren Rohsteine aus der ganzen Welt, u. a. aus Brasilien, Amerika, Kanada, Madagaskar, Südafrika, Australien, Argentinien. Die Verarbeitung vom Rohstein zum Trommelstein ist ein langer Prozess, in dem jeder Arbeitsschritt sorgfältig geprüft wird. Das Trommeln der Edelsteine gleicht dem Abrollen der Kiesel im Flussbett. Die Steine schleifen sich gegenseitig. Je nach Härte des Steins dauert dieser Vorgang zwischen einer Woche und mehreren Monaten. Anschließend werden die Trommelsteine mit feinstem Poliermittel geschliffen und erhalten in einem Paraffinbad Brillanz und Geschmeidigkeit. Von Hand wird schließlich nach Größe und Qualität sortiert. In den Handel gelangen am Ende nur die besten Steine. Über 300 Steinarten sind stets lieferbar.

Händler können direkt im Hause Welsch einkaufen oder über den Versandhandelskatalog beziehen.

*) ausgenommen die Fotos folgender Steine: Apophyllit, Seite 40; Aragonit blau, Seite 63; Botswana-Achat pink, Seite 49; Dioptas, Seite 42; Ocean Jasper, Seite 46; Prasem, Seite 46; Phantomquarz, Seite 60; Pyritwürfel und Pyritsonne, Seite 34; Turmalin blau (Indigolith), Seite 73.

Register

Ursula Klinger-Omenka

Reiki mit Engeln und Edelsteinen

Lichtvolle Techniken für ursprüngliche Harmonie und allumfassende Liebe

Ursula Klinger-Omenka ist Edelstein-Fachfrau und langjährige Reiki-Meisterin. Die Arbeit mit Engeln gehört zu ihrer täglichen Praxis. In dieser um wesentliche Aspekte erweiterten Ausgabe verbindet sie ihre Kenntnis um Reiki, edle Steine und himmlische Helfer zu einem wertvollen Kompendium, in dem jeder, der Reiki-Anwendungen um eine entscheidende Qualität verbessern möchte, liebevoll aufbereitetes, anschaulich illustriertes Wissen findet.

Detailliert und kenntnisreich beschreibt die Autorin, was es während der Reiki-Arbeit mit Edelsteinen zu beachten gilt. Sie schildert die Grundeigenschaften der wichtigsten Edelsteine und zeigt, welche Engelskraft in ihnen beheimatet ist. Außerdem verweist sie auf die entsprechenden Zusammenhänge des jeweiligen Steins mit Organen und Energiezentren. Zahlreiche Abbildungen verdeutlichen die wichtigsten Handpositionen, auch für die Selbstbehandlung, und zeigen, an welcher Stelle der Edelstein seine stärkste Wirkung entfaltet.

Ein wertvolles Handbuch, das uns wunderbare Möglichkeiten bietet, die reichhaltigen Geschenke der kosmischen Welt anzunehmen und mehr Licht in unser Leben zu bringen.

144 Seiten · ISBN 3-89385-501-7 · www.windpferd.de

Silke Bader

Engel antworten Dir

aus der Quelle der Liebe

Ein Übungsbuch für den täglichen Kontakt mit Engeln

Jeder Mensch kann Kontakt zu Engeln aufnehmen! Dieses wunderschön aufbereitete Buch ist die etwas andere Einladung, sich ihre Welt spielerisch zu erschließen, damit der kosmische Beistand in jeder Situation spürbar wird, Vertrauen, Freude und Sicherheit in die himmlische Unterstützung ständige Begleiter werden.

Bereits der erste Anblick ist ein Genuss: Bunt, charmant, unternehmungslustig und umgeben von einem wunderschönen Layout präsentieren sich die Engel in diesem Buch. Kenntnisreich und liebevoll stellt Silke Bader 44 Engel mit ihrer Botschaft, ihrer Lehre und einer besonderen Achtsamkeitsübung vor, die uns mit der jeweiligen himmlischen Energie verbindet. Zu Beginn gibt sie eine detaillierte Einführung in die Kraft der vier Elemente, führt ein in das Wissen um Auren und Chakren und macht uns mit den wichtigsten Erzengeln vertraut.

88 Seiten · vierfarbig · ISBN 3-89385-498-3 · www.windpferd.de

Merlin's Magic

Engel – Symphonie von Liebe und Licht

Zauberhafte Klänge berühren das innere Licht in uns und laden die Engel in unser Leben ein. Das ist Musik für all jene, die spüren, dass durch die Liebe der Engel das Leben leichter und glücklicher wird. Das Licht in uns wird immer leuchtender werden.

„Diese Musik ist wie der goldene Sonnenstrahl, der durch die Wolken bricht und uns verzaubert, wie die Berührung eines Engels."

– Petra Schneider, Autorin von „Engel begleiten uns"

Spielzeit: ca. 60 Minuten · ISBN 3-89385-977-2

Eine Hörprobe findet sich unter: www.windpferd.de

Ursula Klinger-Omenka

Lichtengel und Kristallwelten

Himmlische Begleiter in der Aura geschliffener Steine

Lichtvolle Engel finden ihren Weg über den Glanz schillernder Kristallwelten zu uns. Im Funkeln geschliffener Edelsteine finden die lichtvollen Helfer zu uns. Die Einladung besteht darin, den passenden Stein zu wählen und sich dem Zauber von Licht und Farbe zu öffnen.

Petra Arndt hat mit 27 Lichtengeln in ihren Kristallwelten das Buch lichtvoll illustriert. Edelsteine bergen geheimnisvolle Wesen, die dem vordergründigen Blick verborgen bleiben. Ein geschliffener Edelstein ist verdichtete, schwingende Energie, über Äonen langsam gewachsen – und zu unserer Freude vervollkommnet.

Ursula Klinger-Omenka hat die bekannten leuchtenden Edelsteine, die geschliffen gerne zu Schmuck verarbeitet werden, ausführlich beschrieben. Der Schliff des Steins zeigt an, in welchem Bereich sich seine himmlischen Kräfte entfalten und so dem Träger Schutz zukommen lassen.

160 Seiten · farbig illustriert · ISBN 3-89385-459-2 · www.windpferd.de

Petra Arndt und Ursula Klinger-Omenka

Lichtengel- und Edelstein-Karten

Himmlische Begleiter in der Aura geschliffener Steine

Lichtengel und Edelsteinkarten sind von Petra Arndt einfühlsam gemalte Engel in ihren kristallenen Welten, den geschliffenen Steinen. Werden die Engel eingeladen, in unser Leben zu kommen, verbinden wir dies mit Gedanken an einen geschliffenen Edelstein oder mit dem Tragen des Steins.

Jeder Engel trägt eine innere Wahrheit über das Funkeln des Steins in die Welt der Menschen hinein. Ihre Aufgabe besteht darin, zu führen, beizustehen und zu ermuntern. Eine weitere Botschaft wird über die Farben der Steine vermittelt, die in Verbindung mit unseren farbigen Energiezentren stehen. Die Engel finden ihren Weg über die farbige Aura geschliffener Steine zu uns.

Umfang: 27 Karten und Begleitheft · ISBN 3-89385-458-4
www.windpferd.de

Silke Bader

Aus unserer Quelle für Dich

Engelsbilder und Engelsworte

Diese himmlischen Kärtchen verzaubern jeden Betrachter – und ein jeder findet seine Botschaft, die vollkommen die Atmosphäre des jeweiligen Augenblicks widerspiegelt.

Die himmlischen Botschaften kommen in Bild und Text gleichermaßen zur Geltung – und das macht den so ganz besonderen Charme dieser Kärtchen aus. Sie erfreuen das Herz, sie berühren unsere Seele und sie lösen bisweilen Entzücken aus: weil sie einfach zum Verlieben sind.

Silke Baders Engel sind uns Menschen gar nicht so unähnlich: Sie sind weise, zuversichtlich, fürsorglich, spontan, voller Herzensliebe, Freude und Hingabe, schenken Geborgenheit, Freundschaft und noch viel mehr …

In der schönen kleinen Box können die Engel immer mit uns sein, und ihr Geschenk an uns lautet: Aus unserer Quelle für dich!

44 Karten und 1 kleine Broschüre · ISBN 3-89385-457-6 · www.windpferd.de